José Ramón Díaz

Comentario al evangelio de cada día

AF535830

José Ramón Díaz

Comentario al evangelio de cada día

Adviento-Navidad-Epifanía

CREDO EDICIONES

Imprint
Any brand names and product names mentioned in this book are subject to trademark, brand or patent protection and are trademarks or registered trademarks of their respective holders. The use of brand names, product names, common names, trade names, product descriptions etc. even without a particular marking in this work is in no way to be construed to mean that such names may be regarded as unrestricted in respect of trademark and brand protection legislation and could thus be used by anyone.

Cover image: www.ingimage.com

Publisher:
CREDO EDICIONES
is a trademark of
International Book Market Service Ltd., member of OmniScriptum Publishing Group
17 Meldrum Street, Beau Bassin 71504, Mauritius

Printed at: see last page
ISBN: 978-620-2-47898-4

Copyright © José Ramón Díaz
Copyright © 2018 International Book Market Service Ltd., member of OmniScriptum Publishing Group
All rights reserved. Beau Bassin 2018

Índice

Proemio

Tiene ante sus ojos, estimado lector, un conjunto de reflexiones que parten de la perícopa evangélica de cada día, excluyendo los pasajes correspondientes a los domingos –salvo alguna excepción-, que siguen otra vía y con probabilidad otro cauce de publicación. Son reflexiones que transcurren con un cierto tono de cotidianeidad a lo largo del Año Litúrgico con sus tiempos y sus fechas cimeras. Surgieron de mi propia necesidad de confrontarme, como cristiano y como sacerdote, con la palabra de Dios y de compartir con otros hermanos, amigos y conocidos, el eco de esta palabra en mi corazón y en mi mente. No pretenden otra cosa que ayudar a tomar conciencia de lo que el Señor quiere decirnos, nos ha dicho y sigue diciéndonos, al ritmo de la liturgia eclesial y en el abrevadero de la palabra revelada por mediación del mismo Verbo encarnado.

Espero que tales reflexiones le sean de provecho como lo fueron para mí en esas noches de invierno en que sin las interferencias perturbadoras de los medios me ponía ante la página evangélica esperando una inspiración, intentado desentrañar un enigma, aspirando a una mejor comprensión del mensaje, procurando comunicar con otros hermanos de fe y sentimiento las impresiones, sugerencias, inquietudes y destellos luminosos que había dejado en mi interior esta palabra que desciende de inefables hontanares. Sin más, doy la palabra al que es la Palabra por definición y tanto tiene que decirnos todavía hoy.

3 de diciembre. San Francisco Javier. Comentario a Mt 8, 5-11.

El evangelista narra que al entrar Jesús en Cafarnaúm un centurión romano se acercó a él para interceder por su criado, al que tenía en cama paralítico y con grandes sufrimientos. Llama la atención que un militar del ejército invasor se acerque a un judío, miembro del pueblo sometido, para pedirle un favor. Lo hace sin exigencias, limitándose a notificarle la situación del enfermo para el que pide su intervención. Jesús le responde con toda naturalidad, como si la condición del centurión pagano no significara ningún inconveniente: *Voy a curarlo*. E inmediatamente reacciona el solicitante, consciente de la situación y pretendiendo allanar las cosas: *Señor,* le dice, *¿quién soy yo para que entres bajo mi techo? Basta que los digas de palabra, y mi criado quedará sano. Porque también yo vivo bajo disciplina y tengo soldados a mis órdenes; y le digo a uno: «Ve», y va; al otro: «Ven», y viene; a mi criado: «Haz esto», y lo hace*. Se dirige a Jesús con sumo respeto, lo llama *Señor,* y sabiendo que un judío puede tener motivos fundados (= religioso-legales) para no entrar en casa de un pagano, quiere evitarle problemas. Sea ésta u otra la razón, el caso es que aquel centurión se declara indigno de tener a Jesús *bajo su techo,* pues se trata de la casa de un pagano, es decir, de un pecador. Y él es consciente de ello. Es una nueva muestra de humildad. Ya era un acto de humildad acercarse a Jesús, un judío, para pedirle un favor; ahora se refuerza aún más esa humildad al considerarse indigno de su presencia en casa. El centurión tiene un sentido muy realista de la situación; lo que demuestra que humildad es realidad. Pero además muestra tener una gran fe en él: *Basta que lo digas de palabra, y mi criado quedará sano*. Confía tanto en el poder de su palabra, que no necesita siquiera del contacto físico para obtener el beneficio solicitado. Aquel centurión había oído hablar de Jesús y de su poder milagroso para curar; de lo contrario, no habría acudido a él. Tal vez le había visto actuar con sus propios ojos, acercarse a un ciego o a un sordo, tocarle, pronunciar una palabra y devolverle la vista o el oído. Ahora entiende que no necesita siquiera la cercanía del enfermo, el contacto físico con él, para devolverle la salud. Su palabra, incluso en la distancia, es suficientemente poderosa para lograr el efecto curativo. Y así se lo hace saber. Él vive en la disciplina militar: acata órdenes y da órdenes. Y cuando da órdenes a sus subordinados, estos las ejecutan, porque su palabra tiene eficacia, como la tiene también la palabra de sus superiores en él. Pues cuánta mayor eficacia habrá de tener la palabra "misteriosa" de un profeta como Jesús, que ya ha demostrado en numerosas ocasiones su capacidad de mando o su eficacia sobre los espíritus inmundos o las fuerzas de la naturaleza. Se trata, pues, de alguien que confía en el poder de la palabra dicha con autoridad y que a Jesús le concede mucha autoridad, al menos en materia de salud. Por eso, le basta con su palabra para que su criado recobre la movilidad. Si él le dice: «Levántate», su criado se levantará; porque la palabra de Jesús tiene más fuerza que la suya propia, que también tiene fuerza para mover a sus soldados.

Cuando Jesús, nos dice el evangelista, oyó esta declaración de intenciones, *quedó admirado,* y no era para menos: admirado por aquel de quien procedían, admirado por su fuerza de convicción. Y dijo a los que le seguían, con afán de instruir: *Os aseguro que en Israel no he encontrado en nadie tanta fe. Os digo que vendrán muchos de Oriente y de Occidente y se sentarán con Abrahán, Isaac y Jacob en el Reino de los cielos*. Son palabras muy elogiosas y consoladoras para un pagano, que es colocado por encima del judío en aquello en lo que el judío debía estar muy por encima de él. Jesús manifiesta no haber encontrado entre los israelitas, pueblo elegido de Dios, una fe como la que ha encontrado en este militar extranjero y pagano. Por eso profetiza que vendrán muchos de lejos, de Oriente y de Occidente, y ocuparán puestos de honor en el Reino de los cielos; porque para ocupar este rango sólo se requiere tener fe, la fe que ha mostrado tener el centurión de Cafarnaúm. Jesús, que tan bien conoce el corazón humano, se dejó admirar sin embargo por esta fe. Si nos ceñimos al texto evangélico, tenemos que pensar que realmente le sorprendió la actitud confiada y humilde de aquel centurión. Hay actitudes que realmente sorprenden al descubrirlas en ciertas personas, porque no esperábamos encontrarlas en ellas. Pero Dios hace continuamente milagros. Por eso podemos ver cambiar la actitud de algunas personas a las que creíamos muy alejadas de Dios o incapaces de hacer una obra buena o de compadecerse mínimamente de alguien. Hay actitudes que nos sorprenden por su bondad o por su fe procediendo de quién procede. Pero insisto. Dios puede cambiar los corazones con relativa facilidad. Nuestra fe no tendría que resultar sorprendente a ninguno de los que nos contemplan, porque estamos bautizados, porque somos cristianos, porque acudimos a misa y procuramos hacer el bien, y sin embargo quizá mereciera la pena que alguna vez provocáramos sorpresa o admiración por nuestra fe, por el grado de fe, por la calidad de esa fe. La fe, como la del centurión, tiene un enorme componente de confianza: confianza en la bondad, confianza en el poder, confianza en la eficacia de alguien, confianza en Dios. Sin confianza no podemos andar por la vida. No podemos movernos en la arena movediza de la sospecha o de la desconfianza. Y hay finalmente hombres y situaciones que no pueden garantizar nuestra confianza, porque se muestran tan frágiles como nosotros para afrontar el problema. Entonces, ¿en quién podremos confiar? Sólo Dios es fundamento suficiente de nuestra confianza. Sólo Él puede sostener últimamente nuestra fe. Y sólo esta fe le permite actuar en nuestro favor y en el de todos aquellos por quienes intercedemos.

4 de Diciembre. Martes 1ª Semana de Adviento. Comentario a Lc 10, 21-24.

No hace mucho tiempo creo haber comentado este mismo pasaje evangélico. Por tanto, me remito a aquella reflexión. No obstante, desearía volver a subrayar algunos aspectos del mismo. En cierta ocasión, nos dice el evangelista, Jesús, lleno de la alegría del Espíritu Santo, exclamó: *Te doy gracias, Padre, Señor del cielo y de la tierra, porque has escondido estas cosas a los sabios y a los entendidos, y las has revelado a la gente sencilla.* Se trata de una exclamación jubilosa que brota seguramente de una experiencia personal. Jesús constata que su mensaje ha calado más en la gente sencilla que en los sabios y entendidos que le son contemporáneos. En esto no hay apenas diferencia con los tiempos actuales. También hoy su mensaje sigue teniendo más acogida entre los sencillos que entre la gente consciente de su saber o engreída en su saber. Los entendidos de entonces, a los que quizá se refiera Jesús, eran los letrados o entendidos en las antiguas Escrituras. Los entendidos de hoy pueden ser también este tipo de letrados de las ciencias bíblicas, pero lo normal es que sean letrados de otros tipos de ciencias, quizá las experimentales o las filosóficas. La mentalidad *cientifista* actual suele convertirse con frecuencia en una barrera infranqueable para la fe. Cuando esto sucede, no es que se les esconda el mensaje a estos sabios, sino que, por identificarse con esa mentalidad que no acepta más que lo que puede verificar en la experiencia sensible, se impermeabilizan contra este mensaje que pugna por penetrar en su interior. Hay un efecto de rechazo, producto de una determinada mentalidad. Por eso, sólo cuando se resquebraja esta mentalidad puede penetrar el mensaje por las rendijas que deja el quebranto o la quiebra. Jesús, que sintoniza con los sencillos, se alegra de su receptividad y del enorme beneficio que ésta les aporta.

Este es el camino por el que Dios ha decidido darse a conocer. Y el que no lo quiere aceptar porque no se fía de este testimonio o porque entiende que el conocimiento que le ofrece este testimonio es incompatible con el conocimiento adquirido por su ciencia, se está cerrando esta vía de acceso al Dios que le trasciende, que es el mismo Jesús, en cuanto Hijo, y su mensaje de salvación. Porque, como proclama él mismo, *nadie conoce al Padre sino el Hijo y aquel a quien el Hijo se lo quiere revelar*. Él es la vía de acceso al conocimiento de Dios. Si descartamos esta vía por considerarla insignificante o no suficientemente significativa, nos puede resultar muy difícil, quizá imposible, acceder a Él. Pero se trata de una *revelación* que se hace depender del *testimonio* de un hombre que se declara Hijo de Dios, el Hijo de Dios hecho hombre en virtud de la Encarnación. Y ante un testimonio sólo cabe creer o no creer: o se le acoge como verdadero, o se le rechaza como falso. Habrá que evaluar seguramente si hay motivos suficientes para aceptar la verdad de ese testimonio, que es en gran medida la verdad de aquel que lo da. Lo que no podemos pretender es que ese testimonio sea empíricamente verificable o que esa verdad sea una evidencia incuestionable. Si aplicamos los criterios de verificación exigidos por la ciencia a este tipo de cosas, todo o casi todo resulta cuestionable, hasta la paternidad de nuestros padres o la filiación de nuestros hijos. A lo más que podemos llegar es a ver en ese testimonio algo creíble o algo que merece realmente nuestra fe. Jesús tuvo y tiene seguidores porque les ha inspirado confianza. La fe es una cuestión de confianza, aunque el que confía tiene que tener motivos para confiar. Pero si nos anclamos en la desconfianza, no lograremos salir del foso de nuestra propia soledad. Y al final nos veremos solos ante la muerte o la amenaza de la muerte, solos en la inmensidad del universo, sin tener ya a quien recurrir porque no hay una mano amiga a la que podamos agarrarnos con fuerza para que nos saque de las aguas pantanosas en las que nos sumergimos lentamente. Alguno puede decir que la fe se plantea como una llamada de emergencia en nuestra situación de desvalimiento. Puede que esta conexión entre fe e indigencia humana sea una realidad, pero ¿no lo es también la situación de desvalimiento que tarde o temprano espera al hombre? Si fuéramos dioses, quizá no necesitaríamos recurrir a Dios, pero no lo somos. Somos sólo hombres. Y pretender ser autosuficientes, además de ser una temeridad, fruto de una vana presunción o de un engreimiento fatuo, es una falsedad que antes o después se revela insostenible. Si acogemos con la necesaria humildad la revelación del Hijo, podremos alegrarnos con él y dar gracias al Padre por toda la eternidad.

5 de Diciembre. Miércoles 1ª semana de Adviento. Comentario a Mt 15, 29-37.

El evangelio de Mateo nos presenta a Jesús en plena actividad en las proximidades del lago de Galilea. Su presencia atrae a mucha gente que se agolpa a su alrededor, sobre todo a los desamparados de este mundo: tullidos, ciegos, lisiados, sordomudos, es decir, enfermos necesitados de acompañamiento. Por eso no extraña que se diga: *los echaban a sus pies y él los curaba*. En estos momentos no se habla de discursos, sino de curaciones. Jesús se limita a curar a los enfermos que ponen a sus pies. Pero esto provoca un doble efecto en los testigos: la admiración que les produce *ver hablar a los mudos, andar a los tullidos y con vista a los ciegos*, y la glorificación: dan *gloria al Dios de Israel* que les permitía contemplar semejantes prodigios de mano de su enviado. Tenía que ser un verdadero espectáculo ver llegar a un tullido e instantes después verle andar por sí mismo. Es un hecho realmente admirable, que nos deja boquiabiertos como esas prestidigitaciones que realizan los magos en un escenario. Pero en la magia hay engaño y aquí no lo había. Al menos la gente no advertía. A sus enemigos lo único que se les ocurría para explicar semejantes acciones era recurrir a su alianza con el demonio y al uso de sus mismas artes: *Si éste expulsa los demonios es por arte de Belzebú, el príncipe de los demonios*. Pero los que daban gloria a Dios por haberles enviado a este extraordinario sanador no pensaban eso. Se limitaban a creer que Jesús actuaba no sólo con el consentimiento, sino también con el poder del Dios de Israel que había suscitado tan gran profeta en medio de ellos.

Las jornadas eran largas y a veces se prolongaban varios días. Y Jesús se compadece también de los que aguantan esas prolongaciones y repara en sus necesidades más elementales: *llevan ya tres días conmigo y no tienen qué comer; y no quiero despedirles en ayunas, no sea que se desmayen por el camino*. El Maestro pide a sus discípulos que den respuesta a esa situación, y estos se sienten desbordados: *¿De dónde vamos a sacar en un despoblado panes suficientes para saciar a tanta gente?* Y Jesús se ve obligado a intervenir de nuevo: *¿Cuántos panes tenéis?* Le contestaron: *Siete y unos pocos peces*. Realmente era poco para tanta gente. Pero él sí los considera suficientes, porque puede multiplicarlos. *Tomó los siete panes y los peces, dijo la acción de gracias, los partió y los fue dando a los* *discípulos, y los discípulos a la gente*. Hubo para todos y recogieron sobras, es decir, que quedaron plenamente saciados. ¿Cómo se explica que siete panes bastaran para saciar a una multitud de cuatro mil hombres? No se explica. El evangelista se limita a constatar el hecho. ¿Se multiplicaron los panes o se redujo el hambre de los congregados? Si entre las sobras hubo canastas, parece obligado pensar que los panes se multiplicaron. ¿Por qué vía? No lo sabemos. Lo cierto es que la gente tuvo un motivo más para hablar de Jesús y para encumbrarle hasta el punto de querer convertirle en su rey. La gente vio aquí también una actuación portentosa. Pero, según parece, Jesús no quería provocar este tipo de reacciones que le hacían más difícil encauzar correctamente su mesianismo. A él le había movido únicamente su compasión. Actúa así porque quiere poner remedio a una necesidad circunstancial. Lo mismo que cura da de comer. No debe olvidarse, sin embargo, que todas estas actuaciones eran signos reconocibles de la presencia de Dios en medio de su pueblo, signos del Reino de Dios comenzado a germinar en el mundo y signos que llevan a glorificar a Dios en su enviado; por tanto, muy ligados a la fe. A la fe –como a la filosofía- también se llega por la admiración, y éstas eran acciones admirables, que despertaban la fe al menos en los sencillos, en los que no buscaban extrañas interpretaciones u ocultos engaños. En fin, que el Señor nos mantenga capaces de admiración y abiertos a la fe en el Dios de la vida.

6 de Diciembre. Jueves 1ª semana de Adviento. Cometario a Mt 7, 21.24-27.

El evangelio nos habla del requisito necesario para entrar en el Reino de los cielos. *No todo el que me dice: «¡Señor, Señor!»* -decía Jesús a sus discípulos- *entrará en el Reino de los cielos, sino el que cumple la voluntad de mi Padre que está en los cielos*. Para ser miembro del Reino de los cielos no basta con reconocer a Jesús como Señor, no basta con alabarle, no basta con elevarle súplicas. Es absolutamente necesario acatar la voluntad del Padre y cumplirla. No se trata de la exigencia arbitraria de un Dios déspota y dominador. Es que el Reino de Dios no puede ser sino ese "espacio" en el que se vive como Dios quiere, conforme a sus normas y directrices, según su voluntad. Sólo así puede ser Reino de Dios. Sólo así puede ser cielo. Si en ese Reino no se impusiese la ley del amor, si en ese Reino no hubiese paz y armonía, si en ese Reino imperase, como en la tierra, la ley del más fuerte o el dictado del egoísmo o la mentira, ya no sería *de Dios*, que es amor, verdad y paz. Para que sea *de Dios* en este Reino tiene que prevalecer su voluntad. En el cielo rige la voluntad de Dios; por eso decimos en el Padre nuestro: *Hágase tu voluntad en la tierra como (se hace) en el cielo*. Manifestamos nuestro deseo de que la tierra se haga cielo, o al menos se acerque a él; pero esto sólo es posible si en la tierra se vive bajo la misma ley que en el cielo. Porque la voluntad de Dios es ley y norma de conducta para el hombre, y está expresada en diferentes modos. Ahí tenemos los mandamientos de la Ley de Dios: Amarás al Señor, tu Dios; honra a tu padre y a tu madre; no matarás; no mentirás; no desearás a la mujer de tu prójimo… Ahí tenemos las consignas de Jesús en el evangelio: *Pero yo os digo: No hagáis frente al que os agravia, amad a vuestros enemigos, haced el bien a los que os odian, no devolváis a nadie mal por mal, responded con una bendición, al que de abofetee en la mejilla derecha, preséntale la otra, al que te pide dale, al que te reclama para acompañarle una milla, acompáñale dos…* Ahí tenemos los acontecimientos de la vida que nos van descubriendo la voluntad misteriosa de Dios: esa voluntad que se revela también en nuestra historia y que se entremezcla con las voluntades humanas. Luego si queremos que el Reino de Dios sea de Dios (y no de los hombres), hemos de admitir que sea un "lugar" en el que se cumpla la voluntad de quien es y lo ha diseñado conforme a su querer. Por eso no podrán entrar los que no estén dispuestos a someterse a esta voluntad y ley. No es que Dios no quiere tenerlos en su Reino; es que no pueden vivir en un régimen al que no quieren ajustarse, porque sus actitudes le son contrarias. La existencia de tales habitantes en este Reino lo desvirtuaría, a no ser que se convirtiesen a este régimen de vida. Por eso, el cumplimiento de la voluntad de Dios se convierte en requisito para la entrada en su Reino. No obstante, a cumplir la voluntad de Dios también se aprende. El mismo Dios nos va enseñando a lo largo de la vida y al contacto con sus manifestaciones.

El que escucha estas palabras, nos dice también Jesús, y las pone en práctica obra como un hombre prudente *que edifica su casa sobre roca*. Edificar sobre roca y no sobre arena es de personas prudentes y sensatas. Sólo la firmeza de la roca podrá soportar lluvias, vientos y huracanes. En cambio, lo edificado sobre arena, se desmoronará al más leve movimiento o fuerza contraria. Así edifica el hombre necio, sin prestar atención a los cimientos sobre los que edifica. Jesús entiende que su doctrina es un buen cimiento para edificar una vida. Y como se trata de una doctrina para ser puesta en práctica (doctrina moral), sólo se considerará asimilada cuando sea llevada a la práctica. Hasta entonces no será una doctrina plenamente asumida, porque encuentra su verificación en su misma aplicación. Es una doctrina que, aplicada en la vida de los santos, revela su verdad, o su seriedad, o su eficacia, o su magnificencia, o su robustez, pues es capaz de sostener esa vida hasta sus últimas consecuencias. Prestar atención a estas palabras ya es prudencia; edificar la propia vida sobre ellas es máxima prudencia.

8 de Diciembre. Inmaculada Concepción de María. Comentario a Lc 1, 26-38.

El evangelista san Lucas nos informa de que un ángel, haciéndose presente (no sabemos en qué modo) a María, le saludó con estas palabras: *Alégrate, llena de gracia, el Señor está contigo*. Desde entonces, esta forma verbal adjetivada, κεχαριτομένη (= *llena de gracia*) adquirió una dimensión sustantiva, más aún, mayúscula, equivalente a un nombre propio. María empezó a ser conocida como "la llena de gracia": la única mujer de la que se podía decir esto con verdad y plenitud. Siglos más tarde, en 1854, la Iglesia declaró a María, con solemnidad dogmática, *Inmaculada* desde el primer instante de su concepción. Hoy celebramos estar verdad dogmática que ya se celebraba como verdad de fe antes de ser *dogmática* o públicamente declarada como tal por la Iglesia. Los términos "llena de gracia" e "inmaculada" son equivalentes; pero, mientras que el primero habla de *plenitud*, el segundo habla de *carencia*. El primero predica de María que está *llena* de algo, llena de la gracia de Dios; el segundo, que está *vacía* de algo, vacía de mácula, de mancha de pecado. ¿Es lo mismo? En parte sí. Pero una cosa parece consecuencia de la otra: María está *vacía* (=carente) *de pecado*, porque ha sido colmada de gracia. Es la *gracia* la que le ha mantenido apartada, vacía, del pecado, como un vaso que estando lleno de agua no permite que entre el aire. Está vacío de aire, porque está lleno de agua. Bastaría sacar el agua para que se llenase de nuevo de aire. María está (= es) in-maculada porque está *llena de gracia*. Por eso, el Señor de la gracia está con ella. Por eso es *bendita* entre las mujeres.

Y proclamarla en semejante *estado de plenitud* de gracia desde su concepción, es significar que no se trata de un *estado de santidad* alcanzado con tesón y esfuerzo en un momento de madurez vital, sino de un *estado donado*, previo a toda posible respuesta. María está llena de gracia porque Dios la ha hecho así. Eso no impide que este 'potencial' (divino) presente en ella, desde el primer instante, haya tenido su 'desarrollo' adecuado a la edad y a la psicología de la persona en la que reside.

Todo ello nos obliga a reconocer la *singularidad* de María, esa mujer de la que profetiza el Génesis, cuando, a propósito de la maldición que recae sobre la *serpiente del paraíso* (símbolo del espíritu maléfico y engañador), declara: *establezco hostilidades entre ti y la mujer, entre tu estirpe y la suya*. El demonio tendrá siempre en esta mujer a su 'enemiga'. Si a la primera mujer, a Eva, la había tenido (porque se la había ganado con engaño) por *aliada*, al menos provisionalmente; a esta mujer, a María, la tendrá siempre frente a sí, como enemiga. Esta *hostilidad* establecida por Dios entre ella y el demonio (o el mal) es la que le mantendrá sin-pecado, *preservada de todo pecado* (incluido el pecado de Eva). Y ello *en previsión* de la muerte (o de los méritos) de Cristo, puesto que Cristo es Redentor universal. La gracia redentora (liberadora) de Cristo recae sobre ella en forma de *preservación*. La forma de ser rescatada/redimida de María es impidiendo su caída o esclavitud. Y esto lo hace la gracia del Salvador en ella.

Y el primer pecado de que es preservada es el pecado mismo de Eva (resp. Adán), que consistió esencialmente en un "acto de desobediencia", que escondía *desconfianza* (= falta de fe). Eva desobedece la *prohibición* de Dios (acercarse a comer del árbol de la ciencia), porque se fía más de las 'sugerentes' palabras de la serpiente (*si coméis, se os abrirán los ojos y seréis como dioses*) que de las 'amenazantes' palabras de Dios (*si coméis, moriréis*). El crédito concedido a la palabra turbadora del padre de la mentira (esta fatal confianza) le hace incurrir en *desobediencia*, perdiendo así todos los dones de que podía disfrutar en régimen paradisíaco.

En María, preservada del pecado de Eva, no encontraríamos el más mínimo atisbo de desobediencia (ni de desconfianza). Sí encontramos 'turbación' y 'preguntas', porque no lo sabe todo y porque es sensible a la exaltante salutación del ángel, pero ningún asomo de desconfianza, ningún rasgo de desobediencia. María no entiende el *modo* en que habrá de acontecer su *maternidad* (*¿cómo será eso, pues no conozco varón?*). Pero no duda ni desconfía. Tampoco exige una explicación, aunque se la dan: porque el poder de Dios no tiene límites. Esa es la explicación: que *para Dios no hay nada imposible*: ni la maternidad de la estéril, ni la maternidad de la virgen. La estéril tiene que dejar de serlo para ser madre (fecunda); la virgen ni siquiera tiene que dejar de ser virgen para ser madre. Dios puede hacer esto porque es más poderoso que la naturaleza; porque el poder engendrador de la naturaleza no es sino el poder que su Creador ha depositado en ella. Pero ahí no se agota el poder de Dios. Y María acepta su maternidad (virginal) sin titubear, porque es *obediente,* porque nadie puede hacerla desconfiar de Dios, ya que la gracia de Dios de que está llena no admite que en ella entre la más mínima des-gracia o anti-gracia o semilla de pecado. Es la actitud que reflejan esas palabras que quedaron en la memoria de los Apóstoles: *Aquí está la esclava del Señor, hágase en mí según tu palabra.* Y no fue la única vez que María pronunció estas palabras. En esta actitud obediencial la vemos "al pie de la cruz", haciendo realidad la profecía de Simeón: *Y a ti una espada te traspasará el alma.*

Pues bien, la actitud de *la llena de gracia* nos está indicando a nosotros también el 'modo' de vivir la gracia o en gracia, incluso el modo de recibir más gracia: obedeciendo, confiando en Dios y en su Palabra, no dejándonos engañar por sugestiones que nos invitan a abandonar a Dios, a desconfiar de sus promesas, incluso a desconfiar de su propia existencia. Porque podemos ser presa fácil del engaño ajeno o del autoengaño. Que el Señor nos dé, como a María, luz para ver y fuerza para obedecer.

9 de Diciembre. 2º Domingo de Adviento C. Comentario a Mt 3, 1-6.

En nuestro recorrido por el adviento hay un personaje que nos fuerza a detenernos. Él también hizo su recorrido por la comarca del Jordán, empujado por la *Palabra de Dios* que vino sobre él *en el desierto.* Sólo en el desierto, es decir, en la soledad, en el silencio, en la ausencia de distracciones y de interferencias, puede oírse con nitidez la palabra de Dios que, como cualquier otra palabra, o más incluso que cualquier otra, necesita de un espacio adecuado de audición y de acogida.

Fue la *palabra de Dios* la que hizo de Juan "el Bautista", *la voz que grita en el desierto,* el predicador de un *bautismo de conversión.* Juan es un personaje singular, como todo lo que toca Dios: un profeta austero y consagrado por entero a su misión que era fundamentalmente la de *gritar* en el desierto, como un pregonero, la *conversión* requerida para preparar el camino del Señor. Aquí hemos de encontrar una de las claves de nuestro adviento y de nuestra vida. Para preparar el camino del Señor no hay nada mejor que la *conversión* al Señor que viene. Y convertirse a él es, en primer lugar, volverse a él apartando los ojos de lo que no es él o no tiene relación con él. Y apartar los ojos es apartar el corazón; porque solemos quedar prendados (y prendidos) de las cosas que vemos con complacencia. De ahí la importancia de poner nuestra mirada complaciente en él como principio o renovación de nuestra conversión.

El punto de referencia de nuestra conversión es el mismo Cristo: *Aprended de mí, que soy manso y humilde de corazón*. Cristo-hombre es el modelo al que hemos de conformarnos, la imagen cuyos rasgos hemos de reproducir en nuestras vidas. Por eso el límite de nuestra conversión es la *santidad* tal como aparece reflejada en Cristo Jesús, en su bondad, generosidad, obediencia, amor. Centrando nuestra mirada en él nos daremos cuenta de los aspectos de nuestra personalidad que están todavía sin convertirse (faltos de espíritu cristiano): ideas, criterios, opiniones sobre la vida, la amistad, el trabajo, las relaciones familiares, la enfermedad, la muerte. ¿Coinciden con los de Cristo? ¿Y nuestros sentimientos, temores, deseos, gustos? ¿Son realmente los sentimientos de Cristo? ¿No tendríamos que transformar nuestros momentos de soberbia en humildad, o de ira en mansedumbre, o de pereza en diligencia, o de cobardía en fortaleza, o de temor al mundo en temor al pecado, o de incredulidad en fe, o de rencor en capacidad para el perdón, a fin de parecernos a él? La *imitatio Christi* es elemento imprescindible en nuestra conversión cristiana.

Aún no hemos llegado hasta el final en nuestro camino de conversión. Pero para seguir *progresando* necesitamos examinar nuestra conciencia, arrepentirnos de nuestros fallos, hacer propósito de enmienda, recibir la gracia de la reconciliación. San Pablo nos hace saber que en este empeño no estamos solos: *Esta es nuestra confianza*: *que el que ha inaugurado entre vosotros una empresa buena, la llevará adelante*. Y no hay empresa buena más querida por Dios que la de nuestra conversión a imagen de su Hijo. Y su *oración*, que es también su deseo, es que la *comunidad de amor* que forman los cristianos de Filipos siga *creciendo más y más en penetración y en sensibilidad para apreciar los valores*. El aprecio de los *valores evangélicos* (es decir, de todo aquello que aprecia Jesús como valioso) será una buena medida del crecimiento logrado en esta penetración y sensibilidad. Por eso también hemos de preguntarnos por los *aprecios* y los *desprecios* de Jesús. Eso nos permitirá descubrir su jerarquía de valores.

Jesús despreciaba la hipocresía y la falsedad, y el lujo, y la ostentación, y el dinero como instrumento de envilecimiento o como idolatría, y la jactancia, y el orgullo. En cambio, apreciaba la inocencia de los niños, y la sinceridad, y la misericordia con los pobres e indigentes, y la mansedumbre de los sufridos, y la limpieza de corazón, y el trabajo por la paz, y la humildad. Éste tendría que ser también nuestro criterio de estimación de las cosas del mundo y nuestra escala de valores. Sólo por este camino podremos llegar al *día de Cristo limpios e irreprochables.*

10 de Diciembre. Lunes 2ª semana de Adviento. Comentario a Lc 5, 17-26

San Lucas nos presenta a Jesús enseñando. Le espían unos fariseos y maestros de la ley, que se han constituido en los jueces de su enseñanza y de sus acciones. *Y el poder del Señor* –precisa el evangelista- *lo impulsaba a curar*. Sus curaciones se conciben, pues, como poderosos impulsos de Dios que operaba en él. Llegan hasta la casa en la que se encontraba Jesús unos hombres que llevaban a un paralítico en una camilla. Como no tenían por donde introducirlo debido al gentío, deciden subirse a la azotea y descolgarlo desde allí, después de haber separado unas losetas y hecho un boquete para bajarlo. Y así colocan al paralítico con su camilla en el centro de la sala, delante de Jesús. Jesús interpreta que aquellos hombres no sólo son concienzudos, sino que además tienen fe, fe en que van a lograr lo que pretenden llevando a aquel paralítico a su presencia. Ve (porque la fe se puede *ver* en sus manifestaciones) de tal manera la fe que tenían, que dirigiéndose al paralítico le dice: *Hombre, tus pecados están perdonados*. No era, seguramente, lo que el paralítico y sus acompañantes esperaban oír. Tampoco lo esperaban los fariseos-espías. Lo que perseguía el paralítico y sus portadores al presentarse allí era su curación. No buscaban a un sacerdote para que le diera la unción de enfermos o la absolución; buscaban a un sanador que devolviera la movilidad a sus miembros. Pero la reacción de los letrados y fariseos no se hizo esperar. Al oír aquellas palabras absolutorias entendieron de inmediato que se encontraban ante un *blasfemo* o ante alguien que *dice blasfemias*; pues *¿quién puede perdonar pecados más que Dios?* Y es verdad. En realidad sólo Dios puede perdonar pecados con una operación que implique la destrucción de esos pecados, la aniquilación de esos males que nos tienen paralíticos. Sólo Dios puede perdonar pecados, perdonar hasta destruir el mal o hasta curar la enfermedad. Jesús se estaba atribuyendo, a juicio de los fariseos ilícitamente, un poder divino, un poder que sólo a Dios compete. Y esto era para ellos no sólo arrogancia, sino blasfemia. Que un hombre se atribuyera el poder de Dios era blasfemo.

Pero Jesús, que sabe cómo piensan, les replica: *¿Qué pensáis en vuestro interior? ¿Qué es más fácil: decir «tus pecados quedan perdonados», o decir «levántate y anda»?* Las dos cosas son fáciles de decir; lo difícil es hacer que se hagan realidad tales cosas, tanto el perdón como la curación, si bien la curación física es más fácil de verificar que la curación (=perdón) moral. Para Dios ninguna de esas cosas son difíciles; para el hombre, las dos tienen una dificultad similar o una imposibilidad similar. Pues bien, sentencia Jesús, para que veáis que el Hijo del hombre *tiene poder en la tierra para perdonar pecados... -dijo al paralítico: A ti te lo digo, ponte en pie, toma tu camilla y vete a tu casa*. Inmediatamente aquel paralítico se levantó, tomó su camilla y se marchó a su casa, dando gloria a Dios. Luego Jesucristo cura al paralítico para que vean que tiene poder para perdonar pecados. La curación física se convierte en *signo* de su capacidad para perdonar o curar moralmente. Hace un acto de poder, ciertamente admirable, sobre un organismo humano que tiene atrofiados sus miembros para hacer ver que tiene poder divino, pues el poder de perdonar sólo le compete a Dios, como prejuzgan acertadamente los fariseos. El poder de perdonar destruyendo el mal sólo está en Dios. Jesús muestra que tiene este poder al curar al paralítico de su mal físico. Por eso provoca en su entorno asombro y arranca expresiones de glorificación de Dios. No sólo da gloria a Dios el que ha recibido el beneficio divino de la curación, que percibe con claridad que Dios es el verdadero responsable de aquel suceso, sino todos los que se dejan arrebatar por el asombro provocado por tan admirables acciones. Y glorifican a Dios porque entienden que sólo Dios puede estar detrás de las acciones milagrosas de Jesús. No es que confundan a este hombre con Dios, pero ven a Dios en el actuar de este hombre. Y por eso se asombran y dan gloria.

El evangelio proclama, por tanto, que en Jesús se manifestaba el poder de Dios, hasta tal punto que su poder, puesto a prueba, de curar y perdonar era poder divino, porque sólo Dios puede perdonar pecados, aunque la curación de algunas enfermedades esté también en poder de los hombres. Podemos concluir, por tanto, que en el poder efectivo de Jesús se estaba haciendo patente el poder del mismo Dios, y que Jesús no se arrogaba ilegítimamente este poder, sino que hacía uso legítimo de él porque era realmente suyo en cuanto Hijo de la misma naturaleza que el Padre. Y que cuando obraba, hacía lo que veía hacer al Padre, como reproduciendo su misma actividad con su misma capacidad de operar. A nosotros nos puede suceder lo que a aquel paralítico: que, estando enfermos, solicitemos la curación de esa enfermedad física o mental que cargamos ya desde hace tiempo con verdaderos deseos de vernos liberados de ella; pero que nos olvidemos de solicitar la curación de esa otra enfermedad que también nos acompaña a lo largo de la vida sin experimentar el deseo apremiante de liberarnos de ella, y que es el pecado. Parece como si el peso de nuestros pecados nos molestase menos que la carga de cualquier enfermedad; y no reparamos en que el pecado puede ser más destructivo y dañino que una enfermedad, sea del tipo que sea. Por eso es importante que caigamos en la cuenta de aquello a lo que da prioridad Jesús. Él viene a decirnos, como al paralítico: Te hago ver mi poder de curación para que adviertas mi poder de perdón, que es una curación más profunda y de mayor alcance.

11 de Diciembre. Martes 2ª semana de Adviento. Comentario a Mt 18, 12-14.

¿Qué os parece?, les decía Jesús a sus discípulos como reclamando su juicio. *Suponed que un hombre tiene cien ovejas; si se le pierde una, ¿no deja las noventa y nueve y va en busca de la perdida? Y si la encuentra, os aseguro que se alegra más por ella que por las noventa y nueve que no se habían extraviado.* El pastor que sale tras la oveja perdida, dejando a las noventa y nueve restantes a buen recaudo, lo hace porque le interesan *cada una* de las ovejas. Una oveja perdida entre cien es, en términos porcentuales, el uno por ciento de pérdida: una insignificancia si la pérdida de esa oveja se valora en estos términos. Pero no es así como aprecia a sus ovejas el pastor que sale tras la oveja perdida. Para él, una por una, todas tienen un valor absoluto. Por eso no puede permitir el extravío de una sola de ellas y sale en su búsqueda. Y cuando la encuentra, *se alegra* por ella más que por las restantes que, siendo muchas más, sin embargo no se han extraviado. Es la alegría exultante de quien ha encontrado algo que creía perdido y por lo que

sentía un gran aprecio. Es la alegría del reencuentro o de la recuperación de aquello que se tenía por difícilmente recuperable.

Pues bien, el aprecio y la alegría que siente el pastor por cada una de sus ovejas es el mismo aprecio y la misma alegría que se encuentran en Dios. Porque *tampoco* nuestro Padre del cielo *quiere que se pierda ni uno de estos pequeños*. A esto es a lo que quiere llegar Jesús, a hacernos entender el interés que Dios, nuestro Padre, tiene por cada uno de nosotros. Dios es el primer interesado en nuestra salvación. Dios no quiere que se pierda ni una sola de sus criaturas; mucho menos de sus hijos, es decir, de aquellos a quienes adoptó como hijos en el bautismo. Y si esta es la voluntad de Dios, una voluntad positivamente volcada en nuestra salvación, hemos de esperar que ponga todo lo que está de su parte por lograrnos este destino. No lo pongamos en duda. Dios hará lo imposible para que no se pierda ninguno de los que fueron adquiridos por la sangre de su Hijo. Si no se ahorró la sangre de su Hijo, tampoco ahorrará esfuerzos, entradas y salidas, llamadas, intentos, travesías, todo con tal de recuperar a sus hijos extraviados por los desconcertantes y complejos parajes de nuestro mundo o perdidos entre la neblina encubridora de nuestras mentiras y las deslumbrantes luces que encienden nuestros deseos. Con la certeza de que Dios nunca nos dará por perdidos, por muy alejados que estemos de él, podremos conservar siempre la esperanza del retorno, de la recuperación o del reencuentro. Si Dios no quiere que se pierda ni uno sólo, confiemos en el éxito de su *salida*, de su búsqueda y de su empeño salvíficos.

12 de diciembre. Miércoles 2ª semana de Adviento. Comentario a Mt 11, 28-30.

Las palabras de Jesús en el evangelio de hoy son una invitación al descanso y al mismo tiempo a llevar la carga que a cada uno le corresponda, aprendiendo de él fundamentalmente dos cosas: humildad y mansedumbre. Sus palabras parecen no tener destinatario definido, como si estuvieran lanzadas a la entera humanidad: *Venid a mí todos los que estáis cansados y agobiados, y yo os aliviaré*. ¿Y quién no se encuentra en esta situación de cansancio o de agobio alguna vez en la vida? Formamos parte de una humanidad doliente. La vida nos obliga a enfrentarnos a muchas dificultades –una verdadera carrera de obstáculos-, cuya superación va erosionando nuestras fuerzas y provocando un verdadero desgaste en las energías almacenadas. Nos llegan momentos de auténtico agobio, porque se nos acumula el trabajo o los estudios o las obligaciones o la correspondencia. Por eso la invitación de Jesús nos tiene que sonar a una verdadera bendición. Ya es un alivio escuchar de sus labios palabras como éstas. Pero si no hacemos la prueba, acudiendo a él donde es posible encontrarlo, no podremos experimentar la verdad de esta promesa. En realidad, sólo *en él* podemos encontrar el descanso saciativo. Esto no significa que el alivio sea tan duradero que no necesitemos volver a él en el futuro. Mientras vivamos en el tiempo, todo lo que recibamos estará transido de temporalidad. Hasta los dones eternos, por su índole o naturaleza, estarán marcados en nuestra propia experiencia temporal por la fugacidad o la provisionalidad, que son la marca del tiempo. Pero a Jesucristo, que nos prometió *estar con nosotros todos los días hasta el fin del mundo*, lo tenemos siempre disponible en su presencia sacramental para proporcionarnos el alivio de un descanso reparador. Ahora bien, este efecto no es producto de una infusión o de la toma de una cápsula, sino de una relación personal que requiere tiempo, como toda relación de amistad. Aquí el descanso se obtiene *estando a solas con el que sabemos nos ama*. A eso es a lo que la Iglesia ha llamado tradicionalmente oración de intimidad. Ambas cosas son necesarias: oración e intimidad. Sin intimidad no hay verdadera comunicación; sin comunicación (respectivamente, oración) no hay intercambio personal; y sin intercambio personal no hay verdadera comunicación de energías, ni alivio, ni descanso. Se trata de un descanso que se obtiene de reposar nuestra cabeza (con todas sus preocupaciones y agobios) en el pecho del Amado. Los que han hecho esta experiencia, han encontrado el descanso en sus vidas, aunque éste no sea aún el 'descanso eterno', puesto que, como he señalado antes, vivimos en el tiempo.

Cargad con mi yugo –añade Jesús- *y aprended de mí, que soy manso y humilde de corazón, y encontraréis vuestro descanso. Porque mi yugo es llevadero y mi carga ligera*. En esta vida el descanso ha de alternarse con las cargas. Todos tenemos nuestras *cargas,* que muchas veces adquieren la forma del *yugo* porque parecemos atados a ellas, sin apenas posibilidad de desuncirnos. La condición de cristiano puede convertirse incluso en un yugo añadido, por lo que implica de persecución, de rechazo, o de abnegación a placeres, lujos o caprichos. Pues bien, cualquier yugo es más llevadero si lo compartimos con alguien que nos ayuda a llevarlo. Pero pasará a ser extremamente ligero si aquel con el que compartimos su peso y su sujeción es el mismo Jesús, no simplemente por ser un hombre de gran fortaleza, sino por ser el Hijo de Dios hecho hombre. Ahí radica la diferencia. Cargar con *su* yugo y compartir con él *nuestro* yugo viene a significar lo mismo. Ambos yugos son intercambiables y el peso de ambos se aligera si los llevamos con Jesús, aprendiendo de él mientras tanto el modo de llevarlo: con humildad y mansedumbre. También es importante el modo en que se lleva la carga, porque la humildad y la mansedumbre son como palancas que nos permiten llevarlo con mayor facilidad. La carga causa menos penalidad si se lleva con mansedumbre y humildad. La humildad nos permite aceptarla sin rebeldías inútiles y nocivas, y la mansedumbre nos proporciona la serenidad y el dominio para no añadir nuevos motivos de aflicción. También la humildad y la mansedumbre contribuyen al descanso de los que pasan por la vida portando sus inevitables cargas. Por eso, aprender de él en la 'escuela del sufrimiento' es recibir de él las instrucciones necesarias para encontrar nuestro descanso. Sólo así los yugos se hacen llevaderos y las cargas ligeras o al menos soportables. Que el Señor nos conceda acudir a él en busca de ese descanso que tanto necesitamos. Y que nos facilite el camino, liberándolo de esas trabas y obstáculos que tanto nos dificultan el acercamiento a él en su morada.

13 de Diciembre. Santa Lucía. Comentario a Mt 11, 11-15.

Jesús ensalza la figura de Juan el Bautista; pero lo hace para resaltar la grandeza del más pequeño miembro del Reino de los cielos. Porque éste, en comparación con aquel, es mucho más grande. Con ello está significando que la pertenencia al Reino de los cielos nos confiere una alta dignidad, que no es comparable con ninguna otra dignidad humana. Decía Jesús: *Os aseguro que no ha nacido de mujer uno más grande que Juan el Bautista; aunque el más pequeño en el Reino de los cielos es más grande que él*. Juan es el personaje que clausura el profetismo del AT: el último gran profeta del pueblo de Israel; un profeta equiparable en fuerza y dignidad al mismo Elías; un nuevo Elías que *tenía que venir* para reproducir con su actividad el vigor del profetismo primitivo, que es el profetismo representado por Elías. Por todo ello, Jesús le cataloga como el mayor de los nacidos de mujer hasta la llegada de la plenitud de los tiempos. Pero él inicia una nueva etapa en la historia de la salvación. Con él ha llegado el *Reino de Dios* que, sin ser una absoluta novedad, es la gran novedad de los nuevos tiempos. Con él se acaban los tiempos del profetismo para iniciarse los tiempos del mesianismo. Él ya no es un simple profeta, ni siquiera el más grande profeta-reformador del judaísmo, como querían los ebionitas; él es el Mesías que inaugura tiempos mesiánicos. Con él llega una nueva realidad: el Reino de Dios que ha empezado a germinar en el mundo. Y el más pequeño de los incorporados a esta nueva realidad es *más grande* que Juan, no por ser quien es o por proceder de una familia de alta alcurnia, sino por pertenecer a este Reino que llega con Jesús. Aquí se está cumpliendo la profecía evangélica: *todo el que se humilla será enaltecido*. Dios es el que lleva a cabo esta tarea de enaltecimiento: incorporándonos a su Reino nos hace hijos suyos y nos regala una alta dignidad que nos engrandece por encima de todo rango natural o social. Formar parte del Reino es adquirir una condición regia que nos colma de bienes y nos da derecho a posesiones ilimitadas.

Desde los días de Juan el Bautista hasta hora –dice Jesús-, *el Reino de los cielos hace fuerza y los esforzados se apoderan de él*. Los días de Juan el Bautista son los días del precursor de Jesús. Pues bien, desde ese momento precursor el Reino de los cielos puja por abrirse camino en el mundo, como hace fuerza un feto por salir a la luz. Jesús, con su presencia y actividad mesiánica, ha sembrado la semilla del Reino en el corazón de los hombres, y ésta realidad sembrada y oculta empieza a germinar y aspira a ver la luz. El Reino de los cielos se concibe, pues, como una realidad germinal o embrionaria, pequeña (como la semilla o la medida de levadura), pero con un dinamismo de dimensiones colosales y de enorme potencialidad, que pugna por salir a la luz en razón de su propio crecimiento. Es el Reino que *hace fuerza,* porque está llamado a crecer, y a transformar, y a dominar, *desde los días de Juan,* que son también los días de Jesús, es decir, los días en los que inicia Jesús su actividad mesiánica. *Y los esforzados se apoderan de él*. Si el Reino de los cielos es una realidad que *hace fuerza,* porque es *dinámica* (es decir, porque tiene fuerza), porque pugna por crecer, porque no puede estancarse, no parece ilógico pensar que los que se incorporan a esta realidad deben ser *esforzados,* esto es, personas que viven en sintonía o impulsados por la fuerza de este Reino. *Esforzados* son los que viven insertos en un dinamismo de crecimiento, es decir, los que viven creciendo intelectual, moral, espiritualmente, en todas las dimensiones posibles al ser humano o que hace posible la gracia de Dios injertada como potencia en la naturaleza humana. Así viven los que han sido incorporados a este Reino que está *haciendo fuerza, esforzándose* por ser mejores, por acrecentar todo lo que Dios ha puesto en ellos, por dar productividad a sus capacidades y virtudes, por crecer más y más en su propio perfeccionamiento intelectual y espiritual, hasta donde Dios haya puesto nuestros límites. Esta visión antropológica guarda perfecta sintonía con la parábola de los talentos que estamos llamados a incrementar. También aquí son recompensados los *esforzados*, no los perezosos y holgazanes. *El que tenga oídos, que oiga*. Si tenemos realmente oídos, oigamos lo que nos dice el Señor, y pidámosle que nos mantenga en el *esfuerzo* sostenido de los que quieren *dar a luz* el Reino de Dios en sus vidas.

14 de diciembre. Viernes. San Juan de la Cruz. Comentario a Mt 11, 16-19.

Jesús compara su generación con *niños sentados en la plaza que gritan a otros: «Hemos tocado la flauta y no habéis bailado, hemos cantado lamentaciones y no habéis llorado»*. Esperan, pues, que los demás se muevan al ritmo que ellos tocan y sintonicen con el tipo de melodía que ellos entonan, es decir, pretenden ser la *medida* de cuantos les rodean y les contemplan. Jesús recurre a esta comparación para aplicarla de inmediato a la actitud que sus contemporáneos han adoptado ante dos personajes de signo aparentemente distinto que han comparecido en la escena socioreligiosa de su tiempo: Juan el Bautista y el mismo Jesús. *Porque vino* –decía él- *Juan, que ni comía ni bebía, y dicen: «Tiene un demonio». Vino el Hijo del hombre, que come y bebe, y dicen: «Ahí tenéis a un comilón y borracho, amigo de publicanos y pecadores»*. Aparentemente, Juan y Jesús adoptan conductas contrapuestas. Mientras el primero se presenta como modelo de austeridad y ayuno, ni come ni bebe, el segundo actúa más bien como una persona "normal", que se deja invitar a banquetes y bodas y que come y bebe de lo que le ponen, hasta ganarse la fama de comilón y borracho. Pero tanto uno como otro merecen la crítica negativa de quienes se sitúan ante ellos como jueces que sentencian con extrema facilidad y ligereza al modo de aquellos niños caprichosos que, sentados en la plaza, reprochaban a otros no cumplir con sus expectativas. Los ayunos de Juan son vistos como propios de alguien que está poseído por el demonio de la austeridad; las comidas y bebidas de Jesús, como los de alguien que está dominado por el demonio de la gula o de la intemperancia. En Juan les desconcierta su extremismo ascético; en Jesús, su "normalidad" y su extrema familiaridad con publicanos y pecadores. Ambas actitudes son objeto de su crítica acerba, que brota de un narcisismo casi adolescente. Nada les satisface. Nada les parece bien. Hagan una cosa o su contraria, serán criticados. En el fondo hay una predisposición a no aceptar nada que proceda de ellos, porque los vetados son ellos mismos. Jesús parece hacer extensiva esa actitud que es característica de los fariseos a su generación. Porque fueron precisamente los fariseos, en su gran mayoría, los que no creyeron en Juan ni en Jesús como enviados de Dios. Jesús les echará en cara esta incredulidad en alguna ocasión. Y también a él le acusaron de estar poseído por el demonio o de obrar con el poder de Belzebú.

Pero los hechos dan razón a la Sabiduría de Dios. A pesar de las críticas e incomprensiones, los *hechos* (otra lectura dice: *los hijos*) acabarán dando la razón a la Sabiduría de Dios que se ha manifestado tanto en Juan como en Jesús. Ambos son portadores de la sabiduría divina y ambos actúan –cuando comen y cuando no comen- en conformidad con la voluntad de Dios. Alguno podría pensar que la muerte con que ambos acaban su vida – uno, decapitado por Herodes, y otro crucificado por Pilato- no les daba precisamente la razón. Pero hay una historia posterior a ese término que quita la razón a sus críticos, opositores y adversarios, y se la da a ellos. Es la historia de sus seguidores que les engrandecen y les aúnan; es la historia del cristianismo que brota de la resurrección de Cristo. Esta historia, con todos sus hechos martiriales, virginales, con todos sus frutos, les está dando la razón, y con ellos a la Sabiduría de Dios de que estaban investidos. Si esto es así, son los mismos *hijos de la Sabiduría* los que, con su seguimiento y testimonio martirial, les están dando la razón, que es dar la razón a la Sabiduría con la que obraban y que era sometida a la crítica de aquella generación de mentalidad farisaica o narcisista. Ojalá que el Señor nos encuentre hijos de esta Sabiduría y no intérpretes carentes de sensibilidad para apreciar las manifestaciones de Dios en nuestra historia y humanidad. Porque puede suceder que una mentalidad excesivamente crítica o cientifista nos impida ver, como a los fariseos coetáneos de Jesús, esas manifestaciones de Dios en nuestro mundo.

15 de Diciembre. Sábado 2ª semana de Adviento. Comentario a Mt 17, 10-13.

Al bajar del monte, nos dice el evangelista, le preguntaron a Jesús sus discípulos: *¿Por qué dicen los letrados que primero tiene que venir Elías?* Eran tiempos de expectación mesiánica. La pregunta alude a la venida del Mesías anunciado por los profetas. Los letrados entendían que esta llegada no se produciría sin una preparación previa y, por tanto, que el Mesías tendría su precursor. Al mencionar a este precursor lo representaban como un nuevo Elías. Según los entendidos en las Sagradas Escrituras, Elías tenía que venir antes, preparando así los caminos del Mesías. Ello explica la pregunta de los discípulos.

La respuesta de Jesús no contradice la presunción de los letrados, pero pone de manifiesto la existencia de un rechazo que le alcanza a él mismo y a su misión. *Elías vendrá y lo renovará todo* –comienza diciendo, en la línea de la interpretación de los entendidos de la Ley-. *Pero os digo que Elías ya ha venido y no lo reconocieron, sino que lo trataron a su antojo.* Los discípulos comprenden entonces que está hablando de Juan el Bautista. Juan es el *Elías* (=el profeta) que tenía que venir como precursor del Mesías. Pero esta venida ya se ha producido. Elías ya ha venido en la persona del Bautista, pero no supieron reconocerlo, sino que lo trataron a su antojo, como los niños antojadizos que, sentados en la plaza, decían: *Hemos tocado la flauta y no habéis bailado*. Y no lo reconocieron como al profeta enviado por Dios para preparar los caminos del Mesías porque no cumplía sus expectativas, porque no cumplía el perfil profético que ellos habían diseñado en su mente. Tal vez porque se había ensañado con ellos poniendo al descubierto sus vicios e hipocresías. Y sin embargo, cualquiera que conociera mínimamente a Elías, un profeta como un fuego, podía hallar una reproducción cabal del mismo en Juan el Bautista. Ambos hablaban con el mismo ardor y poder de convicción; ambos invitaban a la conversión; ambos denunciaban maldades e injusticias; ambos tenían el aspecto de un mártir, dispuestos a dar la vida por la verdad que proclamaban. Pero aquellos letrados no reconocieron en Juan a Elías, el profeta que tenía que venir. Y porque no le reconocieron ni le concedieron la autoridad moral de que estaba investido, le trataron a su antojo, es decir, le despreciaron como a un loco o un endemoniado, y se alegraron cuando tuvieron noticia de su muerte.

Y no habiendo reconocido al Precursor, tampoco reconocieron al Mesías de quien era precursor. *Así también el Hijo del hombre va a padecer a manos de ellos*. El rechazo de Juan se acentuará aún más en su continuador, que padecerá mucho a manos de ellos. Jesús anuncia anticipadamente su propia pasión. Quienes no reconocieron en Juan la *Voz* de Dios, tampoco reconocerán su *Palabra* (hecha carne) en Jesús. Y el mismo rechazo que experimentó el Precursor lo experimentará el Mesías, que será llevado también a la muerte por sus contradictores.

El rechazo del profeta tampoco era nuevo en la historia del pueblo de Israel, un pueblo que daba culto a sus profetas después de haberlos dado muerte y sepultura, como les echa en cara Jesús a aquellos letrados y fariseos que pretendían dignificar a sus antepasados. La historia del desprecio a los enviados de Dios para pedir cuentas de los frutos de la viña se repetía. Y el último enviado era el Hijo que, por ser precisamente el heredero, se convierte en el objetivo principal de sus maquinaciones asesinas. A esta historia de infidelidad, de rechazo o menosprecio, podemos pertenecer también nosotros, o bien porque no reconocemos al que nos ha sido enviado de parte de Dios como Salvador, o bien porque no le hacemos caso y acabamos tratándole en sí mismo o en sus apóstoles a nuestro antojo. Pero semejante actitud de desprecio o indiferencia no es inocua. Ha de tener necesariamente consecuencias. Puede que con esta falta de reconocimiento nos estemos cerrando puertas muy importantes para nosotros y nuestro destino, puertas de salvación.

16 de Diciembre. 3º Domingo Adviento C. Comentario a Lc 3, 10-18.

Hoy, la palabra de Dios nos invita a la *alegría*, más aún, a una alegría desbordante: *Regocíjate* –nos dice el profeta Sofonías-, *grita de júbilo, Israel, alégrate y gózate de todo corazón, Jerusalén*. ¿Por qué tanto alborozo? *Porque el Señor ha cancelado tu condena y ha expulsado a tus enemigos*; porque *el Señor, tu Dios, está en medio de ti*, salvándote, gozándose en ti, amándote. Por eso, *no temas, Sión, no desfallezcan tus manos*. ¿No son estos motivos suficientes de regocijo? La cancelación de una condena que pesaba sobre nosotros; la expulsión de quienes nos hacían la guerra; la presencia amorosa del Señor que nos trae la salvación de todos los males que nos acechan. Es verdad que todo esto es en gran medida *promesa* y, por tanto, futuro; pero una promesa que podemos vivir ya ahora *en esperanza*, es decir, confiados en la fuerza y el poder del Señor, más allá de los *temores* que nos roban la alegría. Y son tantos y tan diversos estos temores: el temor a perder lo que tenemos (posesiones materiales, salud física o mental, prestigio, etc.), el temor al fracaso o al desprecio, el temor a la soledad o al desamparo, o a la invalidez…, el temor a la muerte. El mejor antídoto contra el temor es la confianza. Y ésta será resistente si está apoyada en una base firme. Pero ¿qué base puede considerarse firme salvo Dios? Sólo Dios puede dar firmeza a nuestra confianza. Esto es lo que nos hace ver san Pablo cuando dice: *Nada os preocupe* (y lo dice alguien que tenía buenos motivos para estar preocupado: enemigos al acecho, trabajos apostólicos por concluir, amenazas de encarcelamiento, intentos de linchamiento, viajes arriesgados por tierra y por mar, noticias alarmantes que le llegan de las comunidades fundadas por él, etc.), *sino que, en toda ocasión, en la oración y súplicas con acción de gracias, presentad a Dios vuestras peticiones. Y la paz de Dios, que sobrepasa todo juicio, custodiará vuestros corazones y vuestros pensamientos en Cristo Jesús*. Si ponéis en Dios vuestras angustias, os sobrevendrá la paz y vuestro corazón se verá libre de toda pesadumbre y preocupación, que es ocuparse dos veces del mismo asunto.

La paz es compañera inseparable de la alegría. Para *estar siempre alegres*, como quiere san Pablo, es preciso que las preocupaciones no nos roben la paz, porque si lo logran no podremos mantenernos realmente alegres, con esa alegría sostenida y hasta cierto punto inalterable en medio de las vicisitudes de la vida.

Hoy, quizá más que ayer, constatamos una cierta escasez en materia de alegría, a pesar de vivir en la época de mayor bienestar (exceptuando los recortes e incertidumbre generados por la presente crisis económica) y disfrute de bienes materiales. Aun así, vivimos envueltos en temores que nos quitan la paz y nos tienen encogido el corazón, empezando por los que generan los hijos con su conducta y sus situaciones familiares; a estos hay que añadir las malas noticias que nos llegan o pueden llegarnos en cualquier momento y que nos hacen sentirnos personas pendientes de todo tipo de desgracias. Y mientras tanto, y para combatir este estado de temor e incertidumbre, podemos perdernos buscando ese precioso tesoro, el de la alegría, en yacimientos demasiado explotados. Los jóvenes, en los pozos del placer y la diversión; pero después de mucho fatigarse apenas logran extraer una pequeña y siempre desproporcionada gota de felicidad recubierta por la nube de tristeza que deja lo inconsistente y lo insustancial. Los adultos, en los pozos de nuestras pequeñas o grandes aficiones; pero, tras estas puertas o ventanillas, también nos encontramos con la decepción o el desencanto. Hay, sin embargo, otros "lugares", que no son los de la diversión, donde es más fácil encontrar la felicidad que buscamos, lugares que proporcionan paz, amistad, ayuda fraterna, armonía, reposo, serenidad, convivencia, sufrimiento compartido, lugares como el propio hogar, una iglesia o una capilla en penumbra, un hospital, un convento, un espacio abierto que permite el contacto directo con la naturaleza, una obra de arte. Se trata de verdaderos yacimientos de alegría muchas veces olvidados o poco explotados. Es verdad que esta alegría no suele estar en la superficie de las cosas y que hay que ahondar para encontrarla, como el oro o el petróleo; pero ésta es la alegría que merece la pena obtener y que poco tiene que ver con la risa fácil y compulsiva. Tal es la alegría de los que son *dichosos* en la pobreza y en el sufrimiento; la alegría de los mansos, los sufridos, los que trabajan por la paz, los limpios de corazón; la alegría de los que se sienten ricos por haber entrado en contacto con el Reino de los cielos o por vivir en la esperanza de la vida eterna. Para dar con esta alegría, sin embargo, hay que tener el coraje de adentrarse por veredas poco frecuentadas, rechazar tentaciones de un mundo hedonista y consumista, vencer repugnancias iniciales, miedos, prevenciones, perezas, etc.

Esto es lo que habría que *hacer*. Pues si queremos sentir la alegría que brota del contacto con el Señor, no podemos quedarnos en meras intenciones. Hay que llegar al momento de la 'concretización'. Es el momento en que se encuentran los que, tras haber oído a Juan el Bautista, le preguntan: *Entonces, ¿qué hacemos?* El convertido que no se hace esta pregunta no está *del todo* convertido (ni convencido), porque no *concreta* su conversión en un programa de acción. La conversión a la que falta la concreción del *hacer* no es plena y, probablemente, sea falsa o engañosa. La respuesta de Juan es inmediata y directa; no se anda con contemplaciones: *El que tenga (dos túnicas, comida...), que reparta con el que no tiene; el que tenga que reclamar algo* (como los recaudadores de impuestos) *que no exija más de lo establecido*, es decir, que se ajuste a lo justo; *el que ejerza algún dominio sobre los demás* (como los militares), *que no hagan extorsión a nadie ni se aprovechen con denuncias* para enriquecerse indebidamente, *sino que se contenten con la paga* recibida. Compartir lo propio, ser justo, contentarse con lo que se tiene legítimamente, evitar abusos…, tal es el camino de la alegría y de la paz interior. Pero el que basa su vida en el "tener", nunca estará satisfecho porque siempre deseará tener más de lo que tiene y porque siempre vivirá temeroso de perder lo que ya ha conseguido. Mas si lo que nos hace felices es el "dar", siempre tendremos algo que dar, si no de nuestras posesiones materiales, sí de nuestras riquezas espirituales o de nosotros mismos (compañía, cariño, consuelo, esperanza, alegría y tiempo, nuestro tiempo, ese tiempo del que solemos estar tan escasos para darlo a los demás).

Sólo esta alegría que brota de lo más profundo de nosotros mismos nos permitirá hacer frente a los vientos contrarios de la vida. Pero la profundidad no está reñida con la visibilidad. Alegría profunda no significa alegría invisible. La alegría, si es real, debe salir afuera, como la resina de los árboles o las lágrimas de los ojos, debe iluminar el rostro. Y si, como cristianos, proclamamos una "buena noticia" (el evangelio de la salvación), debe notarse que es *buena* y *firme,* y que inspira confianza. Transmitiendo esta buena noticia, serviremos *alegría*; y si lo hacemos con alegría, serviremos mejor esta buena noticia. Ni siquiera debe preocuparnos sentirnos pobres en materia de alegría. Si regalamos la poca que tenemos, notaremos en seguida su incremento; veremos como se multiplica milagrosamente en nuestras arcas. Porque el que más da de este tesoro, más tendrá. Aquí lo que se da no se pierde en absoluto, se gana en proporción mayor a lo que se da. Pero como la alegría es uno de los "frutos del Espíritu Santo", pidámosla al que vino a bautizar *con Espíritu Santo y fuego.*

17 de Diciembre. Lunes 3ª semana de Adviento. Comentario a Mt 21, 23-27.

El evangelista nos sitúa a Jesús enseñando en el templo, y mientras ejercía esta labor se le acercaron los sumos sacerdotes y los ancianos del pueblo para pedirle cuentas, puesto que ninguno de ellos le había autorizado a desempeñar esta función. Por eso la pregunta que le dirigen esconde una reprobación: *¿Con qué autoridad haces esto? ¿Quién te ha dado semejante autoridad?* Exigen de él una acreditación por parte de las autoridades competentes para enseñar en ese lugar sagrado. Pero Jesús no puede presentar semejante acreditación. Ninguno de los sumos sacerdotes le ha dado permiso para realizar esa tarea. Carece de autorización y, en consecuencia, de autoridad para predicar en esa sede. Esto es lo que piensan "los ancianos del pueblo", que le piden explicaciones y acreditación. Jesús, estando investido de la autoridad que le daba su condición de Hijo unigénito, no podía presentar sin embargo ningún título acreditativo que le autorizase a obrar así. De ahí que intente salir airoso de la situación planteándoles una cuestión incómoda. *Os voy a hacer yo también una pregunta* –les replica-: *si me la contestáis os diré yo también con qué autoridad hago esto. El bautismo de Juan, ¿de dónde venía, del cielo o de los hombres?* Si decían: *«del cielo»*, se les podía acusar de haber rechazado *algo* que tenía origen divino; por tanto, de haberse negado a recibir el don de Dios, que les llegaba por ministerio de Juan. Si decían: *«de los hombres»*, temían la reacción de la gente que tenía a Juan por profeta y, en consecuencia, por enviado de Dios. No encontrando la respuesta adecuada, deciden responder con un "*no sabemos*". Era la manera de escapar del compromiso en que les había puesto la pregunta de Jesús. Pero éste no es menos ingenioso que sus adversarios. Si vosotros no me decís –les replica Jesús- *de dónde* viene el bautismo de Juan, *tampoco yo os digo con qué autoridad hago esto*. Y no es que Jesucristo careciera de autoridad para enseñar en la "casa de su Padre"; pero los sumos sacerdotes no estaban dispuestos a reconocer esta autoridad en alguien al que tenían por hereje e impostor, como no habían reconocido la autoridad profética de Juan el Bautista.

Tras las exigencias de los ancianos del pueblo se escondía una falta de reconocimiento de Jesús como Maestro autorizado. No podían reconocer el magisterio de aquel al que no aceptaban como Mesías. De nuevo nos encontramos con un problema de fe. Es la incredulidad humana que se resiste a dar crédito a la presencia de Dios en el mundo, a la presencia de Dios en un hombre, a la verdad proclamada por la Iglesia de la encarnación del Hijo de Dios. Es la resistencia humana a creer en lo que parece increíble, a creer en la Navidad como hecho en el que culmina la Encarnación. Aquellos "sacerdotes y ancianos del pueblo" no admitían la autoridad magisterial de Jesús porque ni le consideraban un testigo de su tradición ni alguien venido, por caminos extraoficiales, de parte de Yahvé, el Dios de Israel. A su juicio, Jesús no merecía siquiera la consideración de profeta; mucho menos de Mesías; y todavía menos, de Hijo de Dios. Un hecho similar al de la Encarnación de Dios no entraba en sus cálculos, era inimaginable para ellos. Más bien, vieron en él a un impostor. Y esta consideración fue la que dio con él en la cruz. Serán los hechos posteriores la que le den la razón y le confirmen en su autoridad divina. No disponía de autorización humana; pero sí pretende disponer de una autoridad divina que vendrá ratificada en la resurrección. Al final, sólo este hecho testimoniado por sus discípulos le confiere la autoridad que no le querían conceder las autoridades religiosas del pueblo judío constituidas en sus jueces.

¿En qué posición nos situamos nosotros? ¿En la de los que siguen exigiendo a Jesús signos acreditativos de la autoridad con que obra o en la de los que reconocen esa autoridad porque le acogen como a un enviado de Dios, más aún, como al mismo Hijo de Dios hecho hombre? Celebrar la Navidad en su sentido más íntegro y cabal es acoger con fe esta venida-presencia, la presencia del *Enmanuel*.

18 de Diciembre. Martes de la 3ª semana de Adviento. Comentario a Mt 1, 18-24.

Mateo nos refiere las circunstancias que rodearon a la concepción virginal de Jesús en el seno de María. Y lo hace desde la perspectiva de José, su esposo. Dice a este propósito Benedicto XVI en su último libro sobre la *infancia de Jesús* lo siguiente: «Mateo nos dice en primer lugar que María era prometida de José. Según el derecho judío entonces vigente, el compromiso significaba ya un vínculo jurídico entre las dos partes, de modo que María podía ser llamada la mujer de José, aunque aún no se había producido el acto de recibirla en casa, que fundaba la comunión matrimonial. Como prometida, «la mujer seguía viviendo en el hogar paterno y se mantenía bajo la *patria potestas*. Después de un año tenía lugar la acogida en casa, es decir, la celebración del matrimonio» (Gnilka, *Matthäus*, I, p. 17). Ahora bien, José constató que María «esperaba un hijo por obra del Espíritu Santo» (*Mt* 1,18). Pero lo que Mateo anticipa aquí sobre el origen del niño José aún no lo sabe. Ha de suponer que María había roto el compromiso y —según la ley— debe abandonarla. A este respecto, puede elegir entre un acto jurídico público y una forma privada: puede llevar a María ante un tribunal o entregarle una carta privada de repudio.

José escoge el segundo procedimiento para no «denunciarla» (*Mt* 1,19). En esa decisión, Mateo ve un signo de que José era un «hombre justo».

La calificación de José como hombre justo *(zaddik)* va mucho más allá de la decisión de aquel momento: ofrece un cuadro completo de san José y, a la vez, lo incluye entre las grandes figuras de la Antigua Alianza, comenzando por Abraham, el justo. Si se puede decir que la forma de religiosidad que aparece en el Nuevo Testamento se compendia en la palabra «fiel», el conjunto de una vida conforme a la Escritura se resume en el Antiguo Testamento con el término «justo». El *Salmo* 1 ofrece la imagen clásica del «justo». Así pues, podemos considerarlo casi como un retrato de la figura espiritual de san José. Justo, según este Salmo, es un hombre que vive en intenso contacto con la Palabra de Dios; «que su gozo está en la ley del Señor» (v. 2)... La voluntad de Dios no es para él una ley impuesta desde fuera, sino «gozo». La ley se convierte espontáneamente para él en «evangelio», buena nueva, porque la interpreta con actitud de apertura personal y llena de amor a Dios, y así aprende a comprenderla y a vivirla desde dentro.

Esta imagen del hombre que hunde sus raíces en las aguas vivas de la Palabra de Dios, que está siempre en diálogo con Dios y por eso da fruto constantemente, se hace concreta en el acontecimiento descrito, así como en todo lo que a continuación se dice de José de Nazaret. Después de lo que José ha descubierto, se trata de interpretar y aplicar la ley de modo justo. Él lo hace con amor, no quiere exponer públicamente a María a la ignominia. La ama incluso en el momento de la gran desilusión... Vive la ley como evangelio, busca el camino de la unidad entre la ley y el amor. Y, así, está preparado interiormente para el mensaje nuevo, inesperado y humanamente increíble, que recibirá de Dios.

Mientras que el ángel «entra» donde se encuentra María (*Lc* 1,28), a José sólo se le aparece en sueños, pero en sueños que son realidad y revelan realidades. Se nos muestra una vez más un rasgo esencial de la figura de san José: su finura para percibir lo divino y su capacidad de discernimiento. Sólo a una persona íntimamente atenta a lo divino, dotada de una peculiar sensibilidad por Dios y sus senderos, le puede llegar el mensaje de Dios de esta manera. Y la capacidad de discernimiento era necesaria para reconocer si se trataba sólo de un sueño o si verdaderamente había venido el mensajero de Dios y le había hablado.

El mensaje que se le consigna es impresionante y requiere una fe excepcionalmente valiente. ¿Es posible que Dios haya realmente hablado? ¿Que José haya recibido en sueños la verdad, una verdad que va más allá de todo lo que cabe esperar? ¿Es posible que Dios haya actuado de esta manera en un ser humano? ¿Que Dios haya realizado de este modo el comienzo de una nueva historia con los hombres? Mateo había dicho antes que José estaba «considerando en su interior» *(enthymēthèntos)* cuál debería ser la reacción justa ante el embarazo de María. Podemos por tanto imaginar cómo luche ahora en lo más íntimo con este mensaje inaudito de su sueño: «José, hijo de David, no tengas reparo en llevarte a María, tu mujer, porque la criatura que hay en ella viene del Espíritu Santo» (*Mt* 1,20).

A la comunicación sobre la concepción del niño en virtud del Espíritu Santo, sigue un encargo: María «dará a luz un hijo y tú le pondrás por nombre Jesús, porque él salvará a su pueblo de los pecados» (*Mt* 1,21). Junto a la invitación de tomar con él a María como su mujer, José recibe la orden de dar un nombre al niño, adoptándolo así legalmente como hijo suyo. Es el mismo nombre que el ángel había indicado también a María para que se lo pusiera al niño: el nombre Jesús *(Jeshua)* significa YHWH es salvación. El mensajero de Dios que habla a José en sueños aclara en qué consiste esta salvación: «Él salvará a su pueblo de los pecados.»

Con esto se asigna al niño un alto cometido teológico, pues sólo Dios mismo puede perdonar los pecados. Se le pone por tanto en relación inmediata con Dios, se le vincula directamente con el poder sagrado y salvífico de Dios. Pero, por otro lado, esta definición de la misión del Mesías podría también aparecer decepcionante. La expectación común de la salvación estaba orientada sobre todo a la situación penosa de Israel: a la restauración del reino davídico, a la libertad e independencia de Israel y, con ello, también naturalmente al bienestar material de un pueblo en gran parte empobrecido. La promesa del perdón de los pecados parece demasiado poco y a la vez excesivo: excesivo porque se invade la esfera reservada a Dios mismo; demasiado poco porque parece que no se toma en consideración el sufrimiento concreto de Israel y su necesidad real de salvación. En el fondo, en estas palabras se anticipa ya toda la controversia sobre el mesianismo de Jesús: ¿Ha redimido verdaderamente a Israel? ¿Acaso no ha quedado todo como antes?..

Después de la cita bíblica, Mateo completa la narración. Refiere que José se despertó y procedió como le había mandado el ángel del Señor.

Llevó consigo a María, su esposa, pero, «sin haberla conocido», ella dio a luz al hijo. Así se subraya una vez más que el hijo no fue engendrado por él, sino por el Espíritu Santo. Por último, el evangelista añade: «Él le puso por nombre Jesús» (*Mt* 1,25)».

La prueba escriturística que presenta el evangelista es lo anunciado por el profeta: *Mirad: la Virgen concebirá y dará a luz un hijo, y lo pondrán por nombre Enmanuel (que significa «Dios con nosotros»).* El hijo nacido virginalmente de María no será otro que el *Enmanuel, el Dios-con-nosotros,* ese Dios que ha decidido hacerse habitante de la tierra *con* nosotros, compartiendo con nosotros, por amor, linaje, historia, sufrimiento y muerte, para que nosotros podamos compartir con él la vida que le es propia.

19 de Diciembre. Miércoles 3ª semana de Adviento Comentario a Lc 1, 5-25.

Hoy, como ayer, me limitaré prácticamente a ofreceros el comentario que hace el Papa a este texto de Lucas. Dada la extensión del evangelio, resultaría demasiado amplia una reflexión que pretendiera explicar versículo por versículo. Por eso prefiero incorporar algunos pasajes de lo que dice Benedicto XVI a propósito de este relato en su *evangelio de la infancia de Jesús*: «La historia de Juan –dice el Papa- está enraizada de modo particularmente profundo en el Antiguo Testamento. Zacarías es un sacerdote de la clase de Abías. También su esposa Isabel tiene igualmente una proveniencia sacerdotal: es una descendiente de Aarón (cf. *Lc* 1,5). Según el derecho veterotestamentario, el ministerio de los sacerdotes está vinculado a la pertenencia a la tribu de los hijos de Aarón y de Leví. Por tanto, Juan el Bautista era un sacerdote. En él, el sacerdocio de la Antigua Alianza va hacia Jesús; se convierte en una referencia a Jesús, en anuncio de su misión. Me parece importante que en Juan todo el sacerdocio de la Antigua Alianza se convierta en una profecía de Jesús, y así —con su gran cúspide teológica y espiritual, el *Salmo* 118— remita a él y entre a formar parte de lo que es propio de él. En la misma dirección de la unidad interior de los dos Testamentos se orienta la caracterización de Zacarías e Isabel en el versículo siguiente del *Evangelio de Lucas*. Se dice que «los dos eran justos ante Dios y caminaban sin falta según los mandamientos y leyes del Señor» (1,6).

Zacarías entra en el templo, en el ámbito sagrado, mientras el pueblo permanece fuera y reza. Es la hora del sacrificio vespertino, en el que él pone el incienso en los carbones encendidos. La fragancia del incienso que sube hacia lo alto es un símbolo de la oración: «Suba mi oración como incienso en tu presencia, el alzar de mis manos como ofrenda de la tarde», dice el *Salmo* 141,2. En esta hora en la que se unen la liturgia celeste y la de la tierra, se aparece al sacerdote Zacarías un «ángel del Señor», cuyo nombre de momento no se menciona. Estaba de pie «a la derecha del altar del incienso» (*Lc* 1,11).

En primer lugar encontramos las historias similares de la promesa de un niño engendrado por padres estériles, que justo por eso aparece como alguien que ha sido donado por Dios mismo. Pensemos sobre todo en el anuncio del nacimiento de Isaac, el heredero de aquella promesa que Dios había hecho a Abraham como don: «“Cuando vuelva a verte, dentro del tiempo de costumbre, Sara, habrá tenido un hijo”... Abraham y Sara eran ancianos, de edad muy avanzada, y Sara ya no tenía sus períodos. Sara se rió por lo bajo... Pero el Señor dijo a Abraham: “¿Por qué se ha reído Sara?... ¿Hay algo difícil para Dios?”» (*Gn* 18,10-14). Muy similar es también la historia del nacimiento de Samuel. Ana, su madre, era estéril. Después de su oración apasionada, el sacerdote Elí le prometió que Dios respondería a su petición. Quedó encinta y consagró su hijo Samuel al Señor (cf. *1 S* 1). Juan está por tanto en la gran estela de los que han nacido de padres estériles gracias a una intervención prodigiosa de ese Dios, para quien nada es imposible. Puesto que proviene de Dios de un modo particular, pertenece totalmente a Dios y, por otro lado, precisamente por eso está enteramente a disposición de los hombres para conducirlos a Dios.

Al decir que Juan «no beberá vino ni licor» (*Lc* 1,15), se le introduce también en la tradición sacerdotal. «A los sacerdotes consagrados a Dios se aplica la norma: “Cuando hayáis de entrar en la Tienda del Encuentro, no bebáis vino ni bebida que pueda embriagar, ni tú ni tus hijos, no sea que muráis. Es ley perpetua para todas vuestras generaciones” (*Lv* 10,9)» (Stöger, p. 31). Juan, que «se llenará de Espíritu Santo ya en el vientre materno» (*Lc* 1,15), vive siempre, por decirlo así, «en la Tienda del Encuentro», es sacerdote no sólo en determinados momentos, sino con su existencia entera, anunciando así el nuevo sacerdocio que aparecerá con Jesús.

La misión de Juan es interpretada sobre la base de la figura de Elías: él no *es* Elías, pero viene con el espíritu y la pujanza del gran profeta. En este sentido, cumple en su misión también la expectativa de que Elías volvería y purificaría y aliviaría al pueblo de Dios; lo prepararía para la venida del Señor. Con esto se incluye por un lado a Juan en la categoría de los profetas, aunque, por otro, se le ensalza al mismo tiempo por encima de ella porque el Elías que está por volver es el precursor de la llegada de Dios mismo. Así, en estos textos se pone tácitamente la figura de Jesús, su llegada, en el mismo plano que la llegada de Dios mismo. En Jesús viene el mismo Señor, marcándole a la historia su dirección definitiva».

El sacerdote Zacarías había rogado al Señor que le diera un hijo, pues la esterilidad era vista por un israelita como una maldición. El ángel le dice que su ruego ha sido escuchado y que su mujer, Isabel, le dará realmente un hijo, que debe llamarse Juan. Pero el sacerdote manifiesta sus dudas al respecto: *¿Cómo estaré seguro de eso? Porque yo soy viejo y mi mujer de edad avanzada*. No ve, por tanto, cómo pueda realizarse esa fecundación que le permita tener al hijo prometido; algo que parece indicar desconfianza en el poder de Dios, capaz de dar a la naturaleza una capacidad que no tiene por sí misma, bien porque nunca la ha tenido, bien porque la ha perdido. Y esa oculta incredulidad es la que le echa en cara el mensajero de Dios: *Yo he sido enviado a hablarte para darte esta buena noticia. Pero mira: guardarás silencio sin poder hablar, hasta el día en que esto suceda, porque no has dado fe a mis palabras, que se cumplirán en su momento*. Y así sucedió. Zacarías quedó mudo hasta que se cumplió la promesa y su mujer dio a luz a un hijo varón. Por no haber recibido la buena noticia de su paternidad sin dudas ni vacilaciones, quedará en silencio, sin poder hablar, hasta el día en que se cumpla. Se trata de una especie de carga penitencial que le recordará durante esos meses su incredulidad al mensaje divino. Pero, cumplido el tiempo, recuperará de nuevo el habla, esta vez para dar gracias a Dios por haberle hecho tan gran misericordia.

Si, como a Zacarías, nos cuesta trabajo aceptar lo sobrenatural (o lo milagroso) es porque no valoramos suficientemente al agente o artífice de tales hechos. Si éste es Dios y Dios es todopoderoso, y si Dios ha creado el mundo, ¿por qué no admitir con facilidad que pueda provocar hechos como la fecundidad de las estériles o la maternidad de las vírgenes?, ¿por qué no aceptar que pueda conceder a la naturaleza en un momento dado la capacidad de producir aquello para lo que de ordinario está incapacitada?, ¿por qué no admitir el milagro si tiene a Dios por agente? Es la fe en un

Dios al que se le reconoce toda su potencia divina, de un Dios al que se reconoce como Dios.

20 de Diciembre. Jueves 3ª semana de Adviento. Comentario a Lc 1, 26-38.

Benedicto XVI se pregunta a propósito de la historicidad de estos relatos de la infancia de Jesús: «¿De dónde sacan Mateo y Lucas la historia que relatan? ¿Cuáles son sus fuentes? A este respecto, Joachim Gnilka dice con razón que se trata claramente de tradiciones de familia. Lucas alude a veces a que María misma, la madre de Jesús, fue una de sus fuentes, y lo hace de una manera particular cuando, en 2,51, dice que «su madre conservaba todo esto en su corazón» (cf. también 2,19). Sólo ella podía informar del acontecimiento de la anunciación, que no había tenido ningún testigo humano. Naturalmente, la exegesis «crítica» moderna insinuará que las consideraciones de este tipo son más bien ingenuas. Pero ¿por qué no debería haber existido una tradición como ésta, conservada y a la vez modelada teológicamente, en el círculo más restringido? ¿Por qué Lucas se habría inventado la afirmación de que María conservaba las palabras y los hechos en su corazón, si no había ninguna referencia concreta para ello? ¿Por qué debía hablar de su «meditar» sobre las palabras (Lc 2,19; cf. 1,29), si nada se sabía de eso?».

Y a continuación: «Yo añadiría que, también de este modo, la aparición tardía especialmente de las tradiciones sobre María tiene su explicación en la discreción de la Madre y de los círculos cercanos a ella: los acontecimientos sagrados en el alba de su vida no podían convertirse en tradición pública mientras ella aún vivía».

Y, a modo de recapitulación, dice: «Lo que Mateo y Lucas pretendían —cada uno a su propia manera— no era tanto contar «historias» como escribir historia, historia real, acontecida, historia ciertamente interpretada y comprendida sobre la base de la Palabra de Dios. Esto quiere decir también que su intención no era narrar todo por completo, sino tomar nota de aquello que parecía importante a la luz de la Palabra y para la naciente comunidad de fe. Los relatos de la infancia son historia interpretada y, a partir de la interpretación, escrita y concentrada».

El relato evangélico de Lucas comienza así: *En el sexto mes, el ángel Gabriel fue enviado por Dios a una ciudad de Galilea llamada Nazaret, a una virgen desposada con un hombre llamado José, de la estirpe de David: la virgen se llamaba María*. Se trata del *sexto mes* del embarazo de Isabel. De esta manera se enlazan ambos acontecimientos, el nacimiento de Jesús y el de Juan, y se ponen en relación las misiones de ambos personajes. Primero saldrá a la escena Juan, como Precursor, y después Jesús. La destinataria del anuncio es una *virgen desposada*, de nombre María. ¿Qué significa una "virgen desposada"? ¿Una virgen que pretendía mantenerse virgen? La pregunta de María en relación con la *maternidad* que le ha sido anunciada: *¿Cómo será eso, pues no conozco varón?*, parece indicar el propósito de esta muchacha virgen de permanecer virgen. Pero entonces ¿por qué se ha desposado con José? ¿Es que pretendía salvaguardar su virginidad en este espacio matrimonial? ¿No resulta paradójico que pretendiendo mantenerse virgen haya decidido casarse? ¿No es camino más adecuado para guardar la virginidad mantenerse célibe? El Papa, después de haber barajado diferentes interpretaciones, no encuentra una "respuesta convincente", de modo que el "enigma" o el "misterio de la frase" permanece. «Por razones que nos son inaccesibles –añade-, María no ve posible de ningún modo convertirse en madre del Mesías mediante una relación conyugal». Será el ángel el que le confirme que ella no será madre *de modo normal* después de ser recibida en casa por José, sino mediante *la sombra del poder del Altísimo*, mediante la llegada del Espíritu Santo. Pues *para Dios nada hay imposible*.

Llama la atención que, en su salutación, el ángel no se dirija a María con el acostumbrado saludo judío, *shalom* —la paz esté contigo—, sino que use la fórmula griega χαῖρε, que debe traducirse: *¡Alégrate!* Es la *gran alegría* de la que oyen hablar los pastores en la noche de la Navidad, la alegría de que se llenan los discípulos al ver al Señor resucitado o la alegría de la que se llenará su corazón cuando vuelvan a verle. Es el don con el que el Espíritu Santo recompensa a los seguidores de Jesús. A María, *la llena de gracia*, se le dona este don que le es connatural con la gracia (= la χὰρις) de que está llena. A la que está llena de gracia (*cháris*) puede suponérsele la alegría (*chará*).

A María, *la que ha encontrado gracia ante Dios*, se le promete que *concebirá en su vientre y dará a luz un hijo*. De este hijo se dice que *será grande* y que *se llamará Hijo del Altísimo*, que recibirá *el trono de David su padre* y que *reinará sobre la casa de Jacob para siempre* y *sin fin*. Son todas promesas ligadas a su concepción "por obra del Espíritu Santo". «La salvación que trae el niño prometido –dice el Papa- se manifiesta en la instauración definitiva del reino de David. En efecto, al reino davídico se le había prometido una duración permanente: "Tu casa y tu reino durarán por siempre en mi presencia y tu trono durará por siempre" (*2 S* 7,16), había anunciado Natán por encargo de Dios mismo». Y más adelante precisa: «Naturalmente, sigue siendo verdadera también la palabra que Jesús dijo a Pilato: "Mi reino no es de aquí" (*Jn* 18,36). A veces, en el curso de la historia, los poderosos de este mundo quieren apropiarse de él, pero precisamente entonces es cuando peligra: quieren conectar su poder con el poder de Jesús, y justamente así deforman su reino, lo amenazan. O bien queda sometido a la persecución persistente de los dominadores, que no toleran ningún otro reino y desean eliminar al rey sin poder, pero cuya fuerza misteriosa temen. Pero "su reino no tendrá fin": este reino diferente no está construido sobre un poder mundano, sino que se funda únicamente en la fe y el amor. Es la gran fuerza de la esperanza en medio de un mundo que tan a menudo parece estar abandonado de Dios. El reino del Hijo de David, Jesús, no tiene fin, porque en él reina Dios mismo, porque en él entra el reino de Dios en este mundo. La promesa que Gabriel transmitió a la Virgen María es verdadera. Se cumple siempre de nuevo».

Y tras recibir la explicación del ángel: *El Espíritu Santo vendrá sobre ti, y la fuerza del Altísimo te cubrirá con su sombra; por eso el santo que va a nacer se llamará Hijo de Dios*, y la alusión a la concepción de una mujer estéril, su pariente Isabel, María contesta con un profundo asentimiento: *Aquí está la esclava del Señor, hágase en mí según tu palabra*. Es el *fiat*, el *hágase en mí* de María, el deseo explícito de que se haga la voluntad de Dios no sólo en el mundo, sino en ella misma, en su propio vientre, tal como el Señor de quien es esclava quiere. ¿Qué otra cosa puede desear una *esclava* sino cumplir la voluntad de su Señor y ver cómo esa voluntad se cumple? Se trata de la voluntad que le ha sido manifestada por la palabra del mensajero. María no sólo da fe al mensaje, sino también al mensajero. Se fía, pues, de Dios y de sus mediaciones. Y ante Dios no puede sino reconocerse esclava, carente de derechos, inhábil para llevarle ante un tribunal o para enjuiciar sus acciones, pues no hay tribunal superior al de Dios; ni siquiera el tribunal de la razón (humana) es superior al de Dios (razón divina). Por eso la actitud de María no es sólo la más santa (o acorde con la gracia), sino también la más racional (o acorde con la razón) posible.

Ella, en cuanto *llena de gracia,* ha sido constituida para nosotros en modelo de conducta. Atendamos a su ejemplaridad.

21 de Diciembre. Viernes 3ª semana de Adviento. Comentario a Lc 1, 39-45.

Lucas refiere los días que siguen a la Anunciación. María, debidamente informada del admirable embarazo de su pariente Isabel, *se puso en camino y fue aprisa a la montaña, a un pueblo de Judá*. Allí vivían Zacarías e Isabel. El evangelista subraya las *prisas* de María por llegar a casa de prima-tía ya embarazada de seis meses. ¿Por qué tanta prisa? ¿Eran las prisas provocadas por lo avanzado del embarazo de su pariente, las prisas urgidas por la dificultosa situación de una embarazada de edad avanzada? ¿O era la imperiosa necesidad de comunicar su reciente y misteriosa experiencia con una persona que sintonizaba religiosa y afectivamente con ella; por tanto, con la que podía compartir sentimientos tan íntimos, la que le puso con tanta celeridad en camino? Necesidad de compartir, necesidad de comunicar, impulsos de la caridad, exigencias de la amistad, todo esto podía tener cabida en el corazón de María, cuando tomó la decisión de ponerse en camino en dirección a un pueblo de Judá que distaba un centenar de kilómetros de Nazaret.

Llegada a la localidad, María *entró en casa de Zacarías y saludó a Isabel.* Nada más oír el saludo de María, nos dice el evangelista, notó Isabel un sobresalto en su vientre, *se llenó del Espíritu Santo* y dijo en voz alta: *¡Bendita tú entre las mujeres y bendito el fruto de tu vientre!* Así es recibida María por Isabel, como la *bendita* entre las mujeres; ¿y por qué bendita?: por el *bendito fruto* que lleva en su vientre. Lo que hace de ella una mujer bendita, entre todas las demás, es el hecho de portar en sus entrañas un fruto bendito. Pero lleva este fruto porque ha sido elegida por Dios para llevarlo, porque ha sido elegida para ser madre del Hijo del Altísimo, refrendando esta elección con su propio *fiat* o voluntario consentimiento. Luego es *bendita* porque Dios se ha fijado en ella, su humilde sierva, dotándola con esa plenitud de gracia que le permite responder con un *fiat* tan indefectible. La *ben-dición* de Dios no es nunca una pura y buena dicción; es también y siempre un *bene-ficio,* una buena acción. Isabel la declara bendita entre todas las mujeres no sólo por haber quedado embarazada, como ella, sino por haber recibido el regalo divino de *ese* hijo que es también un fruto *bendito* por proceder del mismo Dios. Las palabras de Isabel son palabras inspiradas o pronunciadas bajo la inspiración del Espíritu Santo que ha empezado a actuar en ella como en una profetisa.

Y continua, también con palabras proféticas: *¿Quién soy yo para que me visite la madre de mi Señor? En cuanto tu saludo llegó a mis oídos, la criatura saltó de alegría en mi vientre. ¡Dichosa tú, que has creído!, porque lo ha te ha dicho el Señor se cumplirá.* Isabel se sabe ante *la madre de su Señor*. No necesita información ni explicaciones. Es el Espíritu Santo el que le hace partícipe de este secreto como a impulsos de una inspiración que tiene repercusiones en su propio vientre. Isabel siente como un sobresalto de alegría que proviene de la criatura que lleva en su vientre y que parece percibir la presencia del Señor que es todavía apenas un embrión en el seno de su madre. Y con esa misma alegría que le brota de dentro, la proclama "dichosa", dichosa porque ha creído. La fe que ha dado a las palabras del mensajero de Dios es la causa de su dicha. Pero la dicha se completará con el cumplimiento de lo dicho. Hay una dicha que va asociada a la fe. Es la dicha que brota de la seguridad que aporta la fe, o mejor, el Dios en el que se cree y confía. El cumplimiento de lo dicho por el Señor es refrendo o confirmación de esa fe. La fe no descansa en el cumplimiento, sino en Dios; pero el cumplimiento refuerza la fe para seguir creyendo en el que cumple sus promesas. Y ese reforzamiento de la fe acrecienta la dicha que le está asociada. Porque el cumplimiento da una cierta verificación a la fe, que ve cómo se hace realidad aquello en lo que se creía. Esta realización es un modo de posesión que nos permite seguir esperando la plena posesión. Por eso acrecienta la dicha del creyente que ya es tal por el sólo hecho de creer o vivir confiado en Dios y en sus promesas. Pues ¡dichosos nosotros si creemos, porque podremos ver cómo lo dicho por el Señor se cumple!

22 de Diciembre. Sábado 3ª semana de Adviento. Comentario a Lc 1, 46-56.

El *Magnificat* es un canto que Lucas pone en boca de María tras haber recibido la salutación y bienaventuranza de Isabel, un canto que brota de su alma religiosa y pone de manifiesto los pensamientos y sentimientos que alberga su corazón. *Proclama mi alma* –dice jubilosa- *la grandeza del*

Señor, se alegra mi espíritu en Dios, mi salvador: porque ha mirado la humillación de su esclava. El alma creyente de María no hace otra cosa que *reconocer* la grandeza del Señor. Porque si el universo creado es grande, más aún, inmenso, podríamos decir incluso inabarcable para el hombre incapaz de recorrer esas distancias espaciales que medimos por años-luz, su Creador ha de ser por fuerza mucho mayor, si no en términos de extensión, puesto que no es una magnitud cuantitativa, sí en términos de cualidad. La grandeza de Dios es reconocible, aunque no sea imaginable, dada su infinitud. Una mente abierta a la trascendencia, con sensibilidad religiosa, como la de María, lo capta en seguida. Si Dios es algo, ha de ser necesariamente grande, poderoso, transcendente a todo lo conocido. Pero no es sólo grande. El espíritu de María lo proclama también *salvador*; y por eso *se alegra*. ¿De qué nos serviría tener a un Dios grande si no hace nada por nosotros? Ese Dios se ha revelado también como *salvador* en sus planes, en sus acciones, en sus promesas. Es el Dios que transforma nuestra historia en historia de salvación, y así hemos de verla y de leerla, interpretando los acontecimientos de nuestra vida como acontecimientos salvíficos en los que Dios se deja sentir con su caudal de amor misericordioso. María se alegra en ese Dios salvador porque ha mirado no tanto la humillación, sino la *pequeñez*, la *tapeinosis*, de su esclava. La que se siente *esclava* de su Señor entiende que Éste se ha fijado en ella por ser *pequeña*, porque Dios se complace especialmente en los pequeños y humildes, ya que es en ellos en los que hará obras grandes, poniendo más de manifiesto su poder y su gloria, y es a ellos a quienes enaltecerá o engrandecerá. Dios escoge, pues, al humilde para enaltecerlo. Esto es lo propio de su grandeza: engrandecer lo que es pequeño.

Ésta es también la razón por la que María será felicitada, tal como ella profetiza, por generaciones sucesivas. Todas las generaciones, a partir de ella, la felicitarán, porque el *Poderoso* hará *obras grandes* en ella y *por ella,* siendo ella tan pequeña. La encarnación del Hijo de Dios es una obra de Dios (*obra del Espíritu Santo*) en ella, en su propio vientre, y por ella, con su asentimiento y colaboración. El *Poderoso* es también el *Santo,* y en tales acciones muestra su santidad, que es grandeza inaccesible, pero también bondad benéfica de efecto inagotable. Esa misericordia incesante que brota del manantial de Dios es la que llega a sus fieles *de generación en generación*. Dios tiene misericordia para todas las generaciones humanas, pues la misericordia es la energía de Dios como el hidrógeno lo es de las estrellas; pero mientras el combustible de las estrellas es limitado, aunque tengan para millones de años, el de Dios no lo es, pues la vida de Dios es eterna. Y lo que mantiene vivo a Dios es su misericordia. Y ésta se expresa de diferentes maneras: *dispersando a los soberbios de corazón, derribando del trono a los poderosos, enalteciendo a los humildes, colmando de bienes a los hambrientos, despidiendo vacíos a los ricos*. Son las formas de la misericordia divina. Y si dispersa a los soberbios o derriba del trono a los poderosos no es sólo porque lo merecen, sino porque lo necesitan; necesitan que se les haga ver la realidad para que no vivan en el engaño de una vida que se cree autosuficiente o capaz de enfrentar todo tipo de poder. Podrán ser poderosos, pero no tanto o no hasta el punto de equipararse con Dios. Cualquier poderoso de este mundo tendrá que pasar algún día por el destronamiento que provoca la muerte o uno de sus precursores. Pero su misericordia se deja ver sobre todo en el enaltecimiento de los humildes o en la hartura de los hambrientos. Muestra tener misericordia el que tiene corazón para las miserias ajenas, es decir, el que se compadece de aquellos que están en situación desgraciada o miserable. Y es esta compasión la que le lleva a responder con los medios disponibles a esa necesidad que le sale al encuentro. Pues bien, Dios no sólo tiene corazón para las miserias humanas, las nuestras, las del hombre miserable e indigente que somos todos, sino que interviene, más aún, que viene a nuestra humanidad para compartirlas y para ponerlas remedio. Basta fijarse en la biografía de aquel cuya Navidad celebramos para darse cuenta de esto. Jesús actuó sin descanso movido por la compasión o la misericordia, casi siempre mediando alguna súplica, algunas veces sin ni siquiera esta mediación, obrando por iniciativa propia. Hizo tanto bien, tanta obra de misericordia, que se le llega a conocer como *el que pasó por este mundo haciendo el bien*. Y verle a él, el Hijo, es ver al Padre. En la actuación misericordiosa de Jesús se revela el corazón misericordioso del Padre, obrando *proezas con su brazo*. Son las proezas de su poderosa misericordia.

Acojámonos a esta misericordia, magnificada por María y con la que ella se siente agraciada, que mana incesantemente de las altas cumbres divinas y que no deja de regar nuestras tierras resecas e infecundas. Nuestro Dios no es sólo grande; es también misericordioso. Y cuanto más alto (y grande), más misericordioso y más inagotable. No perdamos nunca esta perspectiva. Pues en los momentos de naufragio podrá ser tabla, ancla o faro de salvación.

24 de Diciembre. Lunes. Comentario a Lc 1, 67-79.

El *Benedictus* es otro cántico, similar al *Magnificat*, que Lucas pone en boca de Zacarías, padre de Juan el Bautista, tras haber recibido la visita del ángel. Se trata de un cántico *inspirado*, pues Zacarías lo pronunció movido *por el Espíritu Santo*, y de alcance profético, ya que revela planes divinos y anuncia acontecimientos que habrán de cumplirse.

El sacerdote del AT comienza alabando al Dios de Israel, su Señor, *porque ha visitado y redimido a su pueblo, suscitándonos una fuerza de salvación en la casa de David, su siervo, según lo había predicho desde antiguo por boca de sus santos profetas*. Presenta como sucedido lo que apenas acaba de iniciarse. Y es que el lenguaje profético trastorna los tiempos, de modo que puede presentar como acaecido lo que todavía es futuro. En este pasaje alude a una "visita" y a un "acto de redención" del mismo Dios en favor de su pueblo. El Dios de la Alianza, el que viene actuando como aliado y defensor de su pueblo a lo largo de su historia, ha decidido dar un paso más, se ha dignado *visitar* a este pueblo. Para eso, tiene que hacerse personalmente presente en el lugar en el que este pueblo habita. Su modo de hacerse presente es suscitar *una fuerza de salvación* en la misma casa a la que pertenece el pueblo, la *casa de David*. Esa *fuerza de salvación* no es otra que la que ostenta un 'descendiente" de David. El Dios de Israel *visita y redime* a su pueblo haciéndose *uno* de ese pueblo y esa casa, compartiendo con él vida (humana) e historia, pero sin perder la fuerza salvífica que le compete en cuanto Dios. La fuerza de salvación suscitada en la casa de David se identifica con el mismo Salvador, que es un descendiente de David, pero investido de esa fuerza de índole divina.

Y si todo esto *había sido predicho desde antiguo* por boca de profetas es porque formaba parte de un designio de salvación ideado por el mismo Dios. La historia deja de ser un cúmulo de acontecimientos azarosos, que tiene a los hombres como únicos protagonistas, para pasar a ser una historia trazada en sus líneas esenciales por el mismo Dios que no teme incorporar a los hombres como actores y protagonistas de la misma. Pero si es historia de salvación (divina) ha de ser esencialmente historia *de Dios*, es decir, historia en la que Dios tiene un protagonismo primordial.

Y hablando de salvación, el cántico precisa que se trata de una salvación *que nos libra de nuestros enemigos y de la mano de todos los que nos odian*; de esta manera se hace realidad *la misericordia* de Dios, esa misericordia que no es nueva en la historia, que ya *tuvo con los antepasados* y que viene a ser un *recordatorio* permanente de su *santa alianza* y del *juramento* hecho *a Abrahán*. La misma misericordia que apreciaba María en el *Magnificat* la aprecia ahora Zacarías en el *Benedictus*. El objetivo de todas estas actuaciones divinas es liberarnos no solamente de los enemigos, sino *del mismo temor* a los enemigos, que es más opresor que la existencia factual de tales enemigos, y concedernos una vida *en santidad y justicia, en su presencia todos nuestros días*. Eso es lo que quiere obtener de nosotros mientras vivimos en este mundo: una vida de servicio en santidad y justicia.

La visita del Salvador es comparable a la visita del sol que nace de lo alto para *iluminar* (trayendo el día) a los que viven en la noche, es decir, *en tinieblas y en sombra de muerte*, y *para guiar nuestros pasos en el camino de la paz*. El camino de la paz se confunde con el camino de la salvación. Sólo por este caminos podremos obtener ese ansiado tesoro que todos anhelamos y echamos en falta alguna vez: la paz. También esta 'visita', la que se produce con la Navidad, es efecto de la *entrañable misericordia de nuestro Dios*. Todo brota de esta entrañable fuente de misericordia que mantiene a Dios en permanente estado de actividad salvífica. Por eso, me atrevo a compararla con la energía (resp. el hidrógeno) de la que Dios se autoabastece. Podría decirse que en su incesante actividad *ad extra*, Dios está consumiendo "misericordia", una energía que por ser eterna resulta inagotable. No debemos olvidar nunca, por tanto, que estamos viviendo, lo sepamos o no, de esta misericordia, del mismo modo que vivimos en la tierra gracias a la energía que el hidrógeno proporciona al sol.

25 de Diciembre. Navidad. Medianoche. Comentario a Lc 2, 1-14.

Hoy es una de esas "noches" que la tradición cristiana llama "santas": noche *iluminada* por el *acontecimiento* que se celebra, hasta el punto que no la deberíamos dormir, hasta el punto de hacer de ella "día", tiempo de *vigilia*. Y lo que se celebra en este día es la *Natividad*, el nacimiento de Cristo Jesús, a quien reconocemos como nuestro 'Salvador'. Sin esta referencia a Cristo no hay verdadera Navidad. Habrá 'fiesta de invierno' o 'fiesta familiar, fiesta que quiere revivir ocultos anhelos, siempre incumplidos, de paz y de armonía que laten en el corazón humano, pero no Navidad. Porque si Navidad no dijese 'Natividad', se habría desvirtuado el sentido de la palabra y de la fiesta. Pero si el léxico se desconecta de la realidad significada acaba convirtiéndose en algo inservible y, por consiguiente, llamado a desaparecer.

Éste es, pues, el acontecimiento que ilumina esta noche. Las luces de nuestras calles y plazas, incluso las de nuestros belenes, son sólo el *reflejo* de esa luz que brota del acontecimiento celebrado. Porque la Navidad, antes que celebración es *acontecimiento*: algo *sucedido* en nuestra historia: lo sucedido hace ya veinte siglos en una pequeña localidad de Judea, llamada *Belén*, en la provincia romana de Siria, siendo Augusto máxima autoridad imperial, y Cirino gobernador de esa provincia. Fue allí, en esa pequeña localidad judía del Imperio romano, donde le llegó a María, la *elegida* de Dios para ser madre de su Hijo, *el tiempo del parto de su hijo primogénito*. El suceso que consideramos es un parto, un nacimiento. Pero ¿en qué radica la importancia de *este* nacimiento? No en las 'circunstancias' de lugar y tiempo, aun siendo éstas singulares (tuvo por madre una *virgen* y por cuna un *pesebre*), sino en que el que ve la luz en este parto es alguien muy singular. Porque, como anuncia el ángel a los pastores, el que *en este día* nace en la ciudad de David es *el Salvador* del mundo, *el Mesías, el Señor*. Es el Nacido el que da importancia al Nacimiento. Pero el Mesías y el Señor era entonces sólo un *niño* recién nacido, *envuelto en pañales y acostado en un pesebre*. En *este* niño tan necesitado de protección y de afecto tenían que reconocer, y tenemos que seguir reconociendo, al Salvador, pues *él* es *la señal* dada de antemano por el mismo Dios.

De este niño se predica no sólo lo que es, sino lo que habrá de ser en el futuro: *quebrantador de opresiones, portador de un principado, Dios guerrero, Padre perpetuo, príncipe de la paz*. Son todos títulos que aluden a la eficacia de su acción salvífica, una eficacia que depende de su *ser* poderoso (es Dios, es príncipe, es Padre) y de su *obrar* misericordioso, unas veces quebrantando opresiones, otras imponiendo un principado; a veces haciendo la guerra a enemigos y malvados o corrigiendo la maldad de los enemigos; siempre, reproduciendo en el mundo la paternidad perpetua de Dios, y finalmente trayendo un reinado de paz que reconcilia pueblos, familias y personas. De él se dice que instaurará una *paz sin límites* –ni nacionales, ni raciales, ni generacionales, ni de sexo, ni personales, ni siquiera de circunscripción religiosa, ni exteriores, ni interiores- sobre los pilares de la *justicia y el derecho*. Aportar paz en un mundo aquejado por el pecado, que es el gran factor de división, ya que del *egoísmo* proceden las divisiones y los conflictos, es ya mucho, tiene una importancia excepcional. Esta paz es ya un *fruto* de salvación. Porque para gozar de esta paz tiene que disminuir el pecado que divide y engendra violencia hasta en el interior de la persona. Ahí es donde se acumula la agresividad y comienza la violencia.

Quizá por eso, la *fuerza de salvación* de Dios, siendo tan poderosa por ser *de Dios*, se haya manifestado por el camino del *amor* que acaba en la cruz, víctima de la violencia del pecado. Pero no es el amor el que sale derrotado en esta batalla, en la que su portador es llevado a la cruz. El amor sale victorioso en su confrontación con el odio precisamente en ese instante en que el que odia da muerte al que ama, pero no puede dar muerte al amor del que muere amando, esto es, pidiendo el perdón para sus enemigos. Ese amor no puede morir; por eso, acaba reproduciéndose en todos aquellos en los que se ha sembrado. Es la fuerza 'invencible' del amor (humano-divino) que atrae voluntades, que gana corazones, que empuja a heroicidades y actos de entrega extremos; pero una fuerza que sigue una senda de *persuasión*, no de imposición; que no destruye, sino que gana voluntades. Por eso, esta *paz sin límites* (que trae el Salvador) estará ahí como una 'oferta permanente' para las voluntades rebeldes que se niegan a aceptarla como *don*.

San Pablo acentúa el carácter gratuito de este don, cuando presenta la "aparición" de Jesucristo en el mundo como aparición de la *gracia de Dios*. Y la gracia es esencialmente eso: *gracia, don*. Gracia es la condonación de una deuda o de una condena; gracia es el perdón sin contrapartida. Gracia es también el *regalo* inmerecido. Pues bien, eso es Jesucristo: el *don de Dios* a la humanidad. Pero ya se sabe que lo que se dona y no es aceptado no acaba de ser *don* para aquellos que lo rechazan. La salvación, como la salud, tiene que ser *acogida* con la medicina que la proporciona o el tratamiento que la procura. No se pueden separar el resultado a obtener (la salud) y el tratamiento a aplicar (la medicina o la dieta), el fin y los medios.

Del que nos trae la salvación, nos dice san Pablo, hay que *aprender* a renunciar a una *vida sin religión*, esto es, sin referencia a Dios, pero también a una 'religión sin vida'. Se trata, pues, de vivir una vida-con-religión, una vida *referida a Dios* en todo lo que vive, en sus prácticas, en sus actitudes, en sus proyectos, en sus aspiraciones… Una vida *en lucha contra* deseos (mundanos) que poco tienen que ver con Dios y con el amor de Dios, que es el que tiene que movernos; una *vida sobria y honrada*; y una vida *esperanzada*, es decir, pendiente de esa *promesa* de salvación que seguirá siendo promesa mientras no hayan sido vencidos todos los 'impedimentos' que nos impiden el logro o la consecución de esa *dicha* completa que esperamos.

La muerte es siempre una 'frontera', un límite insoslayable. Esta condición nuestra (mortal) hace que toda 'oferta de salvación' para este mundo, que venga a proporcionarnos un mayor bienestar en él, resulte radicalmente *insuficiente*. Al final, por mucho que sea el bienestar de que disfrutemos –o el malestar que suframos- en esta vida, nos encontraremos con la muerte. Y la muerte significa el cese de semejante situación de bienestar o malestar. Por eso lo que nosotros necesitamos es una salvación que mantenga vivo nuestro *deseo de vida* más allá de la muerte, nuestro deseo de eternidad. Y esta salvación sólo puede proporcionarla Dios, el único que tiene dominio sobre la muerte.

De ahí que aguardar con paciencia la *otra aparición*, la gloriosa, sea vivir en la aspiración a la plenitud de la salvación y vivir de la promesa del Salvador que se hizo presente en la Navidad como hombre entre los hombres, como hombre mortal, pero Hombre que venció en sí mismo al pecado y a la muerte.

Este debe ser el 'motivo central' de nuestro gozo en la Navidad: la presencia del Salvador que ya ha empezado a actuar su salvación en nosotros. Los demás motivos (alegría familiar, fiesta, alumbramientos, endulzamientos, villancicos, escenificaciones, vacaciones…) deberían estar asociados o derivar de aquel, que es el motivo *constituyente* de la Navidad.

Pidamos al Señor la *gracia* de experimentar el gozo de la Navidad: gozo de la salvación experimentada y esperada.

27 de Diciembre. San Juan evangelista. Comentario a Jn 20, 2-8.

El relato de Juan nos presenta a María Magdalena informando a los apóstoles Pedro y Juan de un hallazgo muy singular. Se ha encontrado el sepulcro donde había sido enterrado Jesús vacío de su cadáver. Ella interpreta esta ausencia como un robo o una substracción: *Se han llevado del sepulcro al Señor* –en realidad era sólo el cadáver del Señor- *y no sabemos dónde lo han puesto*. No piensa, por tanto, en la resurrección predicha de manera más o menos manifiesta.

Pedro y el otro discípulo –nos cuenta el evangelista- *salieron camino del sepulcro*, quizá para confirmar o contrastar la información de María, que no les merecía mucho crédito. Los dos corrían, pero el más joven se adelantó al mayor, y asomándose al interior del sepulcro *vio las vendas en el suelo*, pero ningún rastro del cuerpo. Después entró el más viejo, Simón Pedro, y vio también las vendas en el suelo y *el sudario, con el que le habían cubierto la cabeza, enrollado en un sitio aparte*. Entonces, entró también Juan, *vio y creyó*: vio por dentro el sepulcro vacío del cadáver de Jesús, vio el envoltorio –venda y sudario- con el que lo habían embalsamado, y creyó en lo predicho por las Escrituras: *que él había de resucitar de entre los muertos*. Le bastaron ciertas señales –la desaparición del cadáver del lugar donde había sido depositado, el abandono de las vendas y del sudario que lo habían envuelto- para creer en su resurrección. Y creer en su resurrección era creer que la muerte no había podido retener la vida del Sepultado en el sepulcro. Desde entonces, el apóstol Juan se convirtió en testigo de este hecho, y vivió para testimoniar este hecho, es decir, predicó, escribió, viajó, se fatigó y sufrió para dar testimonio de la resurrección de Jesús. Este fenómeno era, para él, la evidencia de que en Jesús, el Crucificado, latía una vida más poderosa que la misma muerte que había acabado con su vida temporal. Por eso, no resulta extraño que Juan acabe convirtiéndose en el testigo de la *Palabra de la Vida que existía desde el principio*, Palabra *eterna que estaba junto al Padre*, y *que se manifestó* en la vida temporal de Jesús de Nazaret. Tras la experiencia de la resurrección, san Juan acaba identificando a la *Palabra de la Vida*, tan *eterna* como el mismo Padre de quien procede, con la vida visible y manifiesta de un hombre con el que él pudo convivir, hasta el punto de poder oírle, verle y tocarle. De ahí que pueda decir: *lo que existía desde el principio*, nosotros *lo hemos visto con nuestros propios ojos* y lo hemos podido tocar con nuestras manos. Se trata de la Vida hecha visible y palpable en un ser humano; se trata de la Palabra hecha carne. Sólo así, encarnada, puede ser vista, oída y tocada. Pero para ser vista y tocada por quienes viven en el tiempo tiene que hacerse temporal. Es la Vida eterna (vida de Dios) hecha temporal y, por tanto, sometida a la muerte, pero no subordinada a la muerte, puesto que la muerte no puede nada contra la vida eterna. La vida eterna presente en la vida temporal de Jesús no puede ser retenida indefinidamente en el sepulcro. Por eso se produce la resurrección o salida de la muerte. Juan, tras constatar la desaparición del cadáver de Jesús, cree en la resurrección del mismo anunciada por las Escrituras y se convierte en testigo de esta fe que identifica la vida humana y temporal de Jesús con la vida divina y eterna de la Palabra que estaba junto a Dios desde el principio, haciendo de aquélla la *manifestación* o visibilización de ésta.

Este *testimonio-anuncio* tiene un fin, que es no sólo dar a conocer una verdad –aquélla de la que se ha sido testigo-, sino provocar una *comunión* de fe: *Eso que hemos visto y oído os lo anunciamos para que estéis unidos con nosotros en esa unión que tenemos con el Padre y con su Hijo Jesucristo.* ¿Cómo podemos estar unidos con Juan, el testigo, y con otros como él? Creyendo en su testimonio. Dando crédito a su testimonio, nos unimos a él y a todos los que creen con él. Pero, unidos a él, nos uniremos también a la unión que él tiene con el Padre y con el Hijo por la fe nacida de la resurrección. La fe en el Resucitado es la que le permite creer en la Navidad como nacimiento temporal del Hijo eterno de Dios. De la fe brota la comunión con los testigos del Dios uno y trino y con el mismo Dios uno y trino al que quedaron unidos tales testigos. Y en esta comunión (eclesial) con Dios *se completa* la alegría inherente a la misma fe en la resurrección, que es fe en la Vida que Dios vive y que no puede ser sino *eterna* como Él.

Nuestro evangelista es, pues, en primer lugar un *testigo* de hechos que le han permitido creer, y después, un *apóstol* de este testimonio con el que quiere despertar la fe de los demás, incorporándonos a una comunión con Dios que colma las ansias de alegría que laten en nuestro corazón.

28 de Diciembre. Santos Inocentes. Comentario a Mt 2, 13-18.

Llamamos "santos inocentes" a esos niños de dos años para abajo mandados matar por Herodes en Belén y sus alrededores. Los celebramos como "santos" sin que ellos tuvieran que hacer nada para obtener ese título salvo haber nacido en un determinado tiempo y lugar. Al parecer, el megalómano rey Herodes vio en el niño de Belén, el Mesías profetizado, un serio rival que hacía peligrar su propio reinado. Por eso, al saberse burlado por los Magos, de quienes habría de recibir noticias, *montó en cólera y mandó matar a todos los niños de Belén y sus alrededores menores de dos años* para aniquilar, en conformidad con sus cálculos, al futuro rey-Mesías que debía encontrarse entre ellos. Pero, el niño en cuestión no estaba entre ellos. El ángel había avisado a José con tiempo para que tomara al niño y a su madre y huyera con ellos al país vecino de Egipto. De este modo podría evitar la muerte segura a manos del tirano que estaba al acecho. El niño Jesús no murió, porque su padre fue avisado con antelación de las acechanzas de su enemigo. Pero otros muchos niños sí murieron en su lugar, cumpliéndose así el oráculo del profeta Jeremías: *«Un grito se oye en Ramá, llanto y lamentos grandes: es Raquel, que llora por sus hijos y rehúsa el consuelo, porque ya no viven»*. Es el llanto de las madres bethlemitas que vieron cómo los soldados de Herodes les arrebataban de los brazos a sus hijos para ser degollados en su presencia. Ambos lamentos, el de las madres y el de los hijos, se mezclaron para constituir un clamor que ha llegado hasta nosotros. Y a éste se añade el llanto de tantos niños inocentes que mueren víctimas de las injusticias humanas, niños desnutridos, enfermos, abandonados, maltratados, violados, asesinados, niños no deseados, cuyas vidas se han visto segadas antes de ver la luz, en el seno de sus propias madres y por iniciativa de estas; en fin, niños inocentes que siguen muriendo a manos de adultos sin escrúpulos.

El clamor de estos niños no puede quedar sin respuesta por parte de ese Dios que tiene entrañas de Padre. Y su primera respuesta debe ser sin duda la acogida que les ha dispensado en su propia casa. Si los hombres no han querido acogerles en esta tierra que les vio nacer o en ese seno en el que fueron concebidos, Dios sí les acogerá en su cielo, porque en ellos no hay pecado que se lo impida. Pero también forma parte de su respuesta la condena sin paliativos de esa conducta criminal e impía de que hacen alarde quienes les conducen a la muerte sin reparar en daños.

Pero las madres que han perdido a sus hijos contra su voluntad y en circunstancias tan terribles, se preguntarán: ¿Por qué permite Dios, ese Dios que se cuida de todas sus criaturas y a quien no se le escapa el más mínimo detalle, muertes tan prematuras y crímenes tan detestables? Son vidas inocentes y vidas truncadas, que no han tenido tiempo ni posibilidades para desarrollarse. ¿Nacieron para morir al poco tiempo de nacer? Algunos mueren aún antes de nacer. ¿Qué sentido tienen estas vidas que quedan aniquiladas en sus comienzos? Por muy absurda que nos parezca esta trayectoria vital sin apenas trayecto, lo cierto –es lo que proclama la fe- es que nacieron para la eternidad. No nacieron para vivir en el tiempo, pues apenas gozaron de tiempo para esto, pero sí nacieron para vivir en la eternidad. Y para eso hemos nacido todos, vivamos más o menos años en el tiempo. En este sentido, el destino para el que fueron concebidos no se ha truncado. Lo han alcanzado más fácilmente que los demás, los que viviendo años y años experimentamos las fatigas de esta vida temporal que acaba, como en ellos, igualmente con la muerte. Del mal sufrido por los que mueren, Dios saca el bien de la vida eterna; del mal sufrido por los que sufren el impacto de esas muertes (padres, hermanos, parientes, amigos, conmocionados), Dios saca el bien de la paciencia, o de la conformidad, o de las lágrimas saludables, o de la desapropiación, o de la generosidad, o de la renuncia, o de cualquiera de esos bienes que tan asociados están a las situaciones aflictivas de la vida. ¿Pero qué saca del mal (respectivamente, pecado) de los malvados que causan la desgracia? Se me ocurre pensar en el bien de la libertad que todo hombre dispone, incluso para hacer mal uso de ella empleándola para el maleficio. Y en segundo término, otros bienes como el posible arrepentimiento que haga realidad el dicho de san Pablo: *donde abundó el pecado, sobreabundó la gracia*; o el castigo purificador de los que no han sabido usar rectamente de su libertad. Pero no podemos dudar en ningún caso de que si Dios permite tantos males, incluido el sufrimiento y la muerte de los inocentes a manos de criminales, es porque puede sacar bienes de estos males. De no ser así, no lo permitiría, aunque para ello se viese obligado a intervenir para alterar el rumbo de la propia naturaleza tal como salió de sus manos creadoras.

Es cierto que el mal presente en un mundo creado por un Dios poderoso y bueno siempre desconcierta y obliga a formularse preguntas de difícil respuesta: ¿Por qué Dios, que es poderoso, no puede eliminar el mal que hay en el mundo de un plumazo? Si es poderoso, debe poder. ¿Por qué no lo hace entonces? ¿Es que no quiere? Pero si no quiere, ¿en qué consiste su bondad? En nuestra respuesta tenemos que salvar ambas cosas: que Dios es todopoderoso y que es bueno. Si, a pesar de esto, sigue habiendo mal en el mundo, habrá que pensar que tiene algún sentido y que, no siendo absoluto, ha de sustentarse en el bien o ser ocasión para el bien. Aquí hay que distinguir tipos de mal o de privaciones de bien. Mal propiamente dicho es lo que nos priva del bien propiamente dicho; mal definitivo es lo que nos priva del bien definitivo. Sobre estas premisas tendríamos que reflexionar. Pero no lo olvidemos: Dios permite incluso el mal (pecado) que no quiere, al menos con voluntad de complacencia, porque puede sacar bien de él.

29 de Diciembre. Sábado. Navidad. Comentario a Lc 2, 22-35.

Hoy me limito a transcribiros el comentario que hace el Papa a este pasaje de Lucas en su libro sobre la *infancia de Jesús*. Dice así: «En el cuadragésimo día hay tres acontecimientos: la «purificación» de María, el «rescate» del hijo primogénito Jesús mediante un sacrificio prescrito por la Ley y la «presentación» de Jesús en el templo.

En el *Libro del Levítico* se establece que una mujer, después de dar a luz un varón, es impura (es decir, excluida de las prácticas litúrgicas) durante siete días; el octavo día el niño ha de ser circuncidado, y la mujer deberá quedarse en casa todavía treinta y tres días para purificar su sangre (cf. *Lv* 12,1-4). Después debe ofrecer un sacrificio de purificación, un cordero como holocausto y un pichón o una tórtola como sacrificio expiatorio. Los pobres sólo tienen que ofrecer dos tórtolas o dos pichones.

María ofreció el sacrificio de los pobres (cf. *Lc* 2,24). Lucas, cuyo Evangelio está impregnado todo él por una teología de los pobres y de la pobreza, nos da a entender aquí, una vez más de manera inequívoca, que la familia de Jesús se contaba entre los pobres de Israel; nos hace comprender que precisamente entre ellos podía madurar el cumplimiento de la promesa. También aquí nos percatamos nuevamente de lo que quiere decir: «nacido bajo la Ley»; y qué significa el que Jesús diga al Bautista que debe cumplirse toda justicia (cf. *Mt* 3,15). María no necesita ser purificada por el parto de Jesús: este nacimiento trae la purificación del mundo. Pero ella obedece la Ley y sirve justamente así al cumplimiento de las promesas.

El segundo acontecimiento del que se trata es el rescate del primogénito, que es propiedad incondicional de Dios. El precio del rescate era de cinco siclos y se podía pagar en todo el país a cualquier sacerdote.

Lucas cita ante todo explícitamente el derecho a reservarse al primogénito: «Todo primogénito varón será consagrado (es decir, perteneciente) al Señor» (2,23; cf. *Ex* 13,2; 13,12s.15). Pero lo singular de su narración consiste en que luego no habla del rescate de Jesús, sino de un tercer acontecimiento, de la entrega («presentación») de Jesús. Obviamente, quiere decir: este niño no ha sido rescatado y no ha vuelto a pertenecer a sus padres, sino todo lo contrario: ha sido entregado personalmente a Dios en el templo, asignado totalmente como propiedad suya. La palabra *paristánai*, traducida aquí como «presentar», significa también «ofrecer», referido a lo que ocurre con los sacrificios en el templo. Suena aquí el elemento del sacrificio y el sacerdocio.

Sobre el acto del rescate prescrito por la Ley, Lucas no dice nada. En su lugar se destaca lo contrario: la entrega del Niño a Dios, al que tendrá que pertenecer totalmente. Para ninguno de dichos actos prescritos por la Ley era necesario presentarse en el templo. Para Lucas, sin embargo, es esencial precisamente esta primera entrada de Jesús en el templo como lugar del acontecimiento. Aquí, en el lugar del encuentro entre Dios y su pueblo, en vez del acto de recuperar al primogénito, se produce el ofrecimiento público de Jesús a Dios, su Padre.

A este acto cultual, en el sentido más profundo de la palabra, sigue en Lucas una escena profética. El viejo profeta Simeón y la profetisa Ana —movidos por el Espíritu de Dios— se presentan en el templo y saludan como representantes del Israel creyente al «Mesías del Señor» (*Lc* 2,26).

A Simeón se le describe con tres cualidades: es justo, es piadoso y espera la consolación de Israel. En la reflexión sobre la figura de san José hemos visto lo que es un hombre justo: un hombre que vive en y de la Palabra de Dios, vive en la voluntad de Dios, tal como está descrita en la *Torá*. Simeón es «piadoso», vive en una íntima apertura personal hacia Dios. Está interiormente cerca del templo, vive en el encuentro con Dios y espera la «consolación de Israel». Vive orientado hacia lo que redime, hacia quien ha de venir.

En la palabra «consolación» *(parákl*ē*sis)* resuena la palabra de Juan sobre el Espíritu Santo. Él es el Paráclito, el Dios consolador. Simeón es uno que espera y aguarda, y justamente así se posa ya ahora en él el «Espíritu Santo». Podríamos decir que es un hombre espiritual y, por tanto, sensible a las llamadas de Dios, a su presencia. Por eso habla ahora también como profeta. En un primer momento toma al Niño Jesús en sus brazos y bendice a Dios diciendo: «Ahora, Señor, según tu promesa, puedes dejar a tu siervo irse en paz» (*Lc* 2,29).

En este himno se hacen dos afirmaciones cristológicas. Jesús es «luz para alumbrar a las naciones», y existe para la «gloria de tu pueblo, Israel» (*Lc* 2,32). Ambas expresiones están tomadas del profeta Isaías; la de «luz para iluminar a las naciones» proviene del primer y del segundo canto del

Siervo del Señor (cf. *Is* 42,6; 49,6). Jesús es identificado así como el siervo de Dios, que en el profeta aparece como una figura misteriosa que remite al futuro. La esencia de su misión conlleva la universalidad, la revelación a las naciones, a las que el siervo lleva la luz de Dios.

Simeón, con el niño en brazos, tras haber alabado a Dios, se dirige con una palabra profética a María, a la que, después de las muestras de alegría por el niño, anuncia una especie de profecía de la cruz (cf. *Lc* 2,34s). Jesús «está puesto para que muchos en Israel caigan y se levanten; y será como un signo de contradicción». Al final le dirige a la madre una predicción muy personal: «Y a ti, una espada te traspasará el alma.» La teología de la gloria está indisolublemente unida a la teología de la cruz. Al siervo de Dios le corresponde la gran misión de ser el portador de la luz de Dios para el mundo. Pero esta misión se cumple precisamente en la oscuridad de la cruz.

Como trasfondo de la palabra sobre los muchos que caen y se levantan está la alusión a una profecía tomada de *Isaías* 8,14, en la cual se indica a Dios mismo como una piedra en la que se tropieza y se cae. Así, justamente en el oráculo sobre la Pasión, aparece la profunda relación de Jesús con Dios mismo. Dios y su Palabra —Jesús, la palabra viva de Dios— son «signos» e incitan a la decisión. La oposición del hombre contra Dios recorre toda la historia. Jesús se revela como el verdadero signo de Dios, precisamente tomando sobre sí, atrayendo hacia sí la oposición contra Dios hasta la oposición de la cruz.

Aquí no se habla del pasado. Todos nosotros sabemos hasta qué punto Cristo es hoy signo de una contradicción que, en último análisis, apunta a Dios mismo. Dios es considerado una y otra vez como el límite de nuestra libertad, un límite que se ha de abatir para que el hombre pueda ser totalmente él mismo. Dios, con su verdad, se opone a la multiforme mentira del hombre, a su egoísmo y a su soberbia.

Dios es amor. Pero también se puede odiar el amor cuando éste exige salir de uno mismo para ir más allá. El amor no es una romántica sensación de bienestar. Redención no es *wellness*, un baño en la autocomplacencia, sino una liberación del estar oprimidos en el propio yo. Esta liberación tiene el precio del sufrimiento de la cruz. La profecía de la luz y la palabra acerca de la cruz van juntas.

Como hemos visto, este oráculo sobre el sufrimiento se hace finalmente muy concreto; una palabra dirigida directamente a María: «Y a ti, una espada te traspasará el alma» (*Lc* 2,35). La oposición contra el Hijo afecta también a la Madre e incide en su corazón. La cruz de la contradicción, que se ha hecho radical, se convierte en ella en una espada que le traspasa el alma. De María podemos aprender la verdadera compasión, libre de sentimentalismo alguno, acogiendo el dolor ajeno como sufrimiento propio».

1 de Enero. Santa María, Madre de Dios (2013). Comentario a Lc 2, 16-21.

Proclamar a María, una *criatura* de Dios, "Madre de Dios", como hace el dogma efesino y la liturgia de la Iglesia Católica en este día, aunque resulte paradójico, no hace sino reafirmar nuestra fe en el *misterio de la Encarnación*, misterio de la Navidad. No es sino afirmar que *lo nacido* de María, su hijo, no es otro que el mismo *Hijo de Dios,* la segunda persona de la Trinidad, en su condición de hombre. Hay tal *identidad* entre el Hijo de Dios y el (hijo) nacido de María, que se puede afirmar con rotundidad que María es *Madre de Dios* (=*Theotokos*) o también Madre del Hijo de Dios (= Dios) hecho hombre. No sólo Madre de esa humanidad (=*Anthropotokos*), sino Madre del 'sujeto' que soporta esa humanidad, puesto que no hay humanidad (= naturaleza) sin sujeto o *supuesto* de esta naturaleza.

San Pablo habla de un "tiempo cumplido" o del *cumplimiento* de una promesa en su tiempo. Se trata del tiempo del "envío" del Hijo por parte de Dios. Y hace coincidir este tiempo (o *kairós*) con el momento del Nacimiento de una mujer. Llegado el tiempo previsto, Dios *envía* a su Hijo al mundo *naciendo* en él "ex muliere" (= *de una mujer*). Es el momento histórico que describe el evangelio: tiempo en que *los pastores fueron corriendo* y *encontraron* a María y a José, y al *niño* acostado en un pesebre. Y tras *haber visto y oído,* los pastores se volvieron *dando gloria y alabanza a Dios*. Aquellos pastores encontraron correspondencia entre *lo que les habían dicho* y lo que ellos pudieron constatar *viendo y oyendo* por sí mismos. Y esto provocó en ellos la *alabanza a Dios,* esto es, el reconocimiento de lo que Dios *es* por sí mismo, reconocimiento de su grandeza, de su bondad, de su misericordia: una reedición del *Magnificat*. La alabanza divina, como cualquier alabanza, brota de la *contemplación* de aquello (un paisaje, un rostro, una obra de arte, Dios) que resulta *admirable*. Y Dios es esencialmente admirable, lo más admirable para el que es capaz de contemplarlo. La alabanza traduce, pues, un sentimiento de 'admiración'. Por eso, cuando alabamos (con los labios) sin estar admirados es que, en realidad, no estamos alabando. Hay un fondo de mentira en nuestra alabanza verbal.

En cualquier caso, ni siquiera la *visión* de los visto por ellos suple a la *fe*. En este mundo la visión nunca suple a la fe. Es algo que puede ayudar a creer, pero nunca sustituye a la fe. Para *ver* en el niño *acostado en el pesebre* al Hijo de Dios, aquellos pastores tuvieron que hacer, como nosotros, un *acto de fe*. Y es que los ojos simplemente no pueden ver en el 'rostro' de ese niño al Hijo de Dios (ni siquiera al Mesías anunciado). El *misterio* que se oculta tras ese rostro sólo se descubre a los 'ojos de la fe', no a los de la carne. Pero precisamente ahí, en lo invisible a los ojos de la carne, reside la *verdad* de esa carne, de ese recién nacido, según se deja traslucir en los acontecimientos (anteriores y posteriores) de su misma historia.

San Pablo nos ayuda a adentrarnos más en ese misterio (y en su verdad). Nos dice "para qué" *envió Dios a su Hijo naciendo de una mujer*. No se limita, por tanto, a testificar el 'hecho' (envío/nacimiento), sino que ofrece su interpretación del mismo remitiéndose a esa *teo-lógica* que es la lógica del amor de Dios, indicándonos así el funcionamiento de la mente divina. Lo *envió* –nos dice- *para rescatar a los que estaban bajo la ley*, y añade: *para que recibiéramos el ser hijos por adopción*. La recepción filial exige primero *un rescate*. No se puede *ser* y *vivir* como hijos de Dios, si estamos todavía viviendo bajo el imperio de la ley. ¿De qué *ley* habla aquí el Apóstol? Sin duda, de la ley bajo la que ha nacido Jesús, la Ley judía, esa ley que le manda circuncidarse, ofrecer sacrificios, observar el Sábado, acudir en peregrinación al Templo de Jerusalén..., pero quizá también de ese régimen político-religioso que impera en su tiempo, y probablemente de cualquier régimen legal posible. Prestemos atención a este razonamiento: Si el Hijo nos ha sido enviado para hacer de nosotros *hijos de Dios* (por adopción, pero verdaderos hijos) es para que vivamos como tales, es decir, para que no tengamos que vivir nuestra relación con Dios (la religión) como simples *cumplidores* o *transgresores* de una Ley o de unas leyes, aun siendo éstas divinas. La Ley en cuanto tal *manda* o *prohíbe* hacer algo, pero no da el *espíritu* (ni el estímulo) necesario para cumplir lo que manda. La Ley, por tanto, puede hacer *cumplidores* o *transgresores*, pero no *hijos*. Aquí se trata de otra cosa. Aquí se trata de ser hijos y de vivir como tales. Y para eso necesitamos algo más que una ley; porque ser hijos no es algo que se adquiere con una simple subscripción jurídica o registro legal; es mucho más: es recibir el *ser* (= la vida) de hijos por parte de quien puede darlo. San Pablo identifica este vivir *como hijos* con una vida *en régimen de libertad*. Y no es que en este régimen no haya ley. La hay; pero la ley tiene ya un rostro, y éste es el rostro de un Padre bueno, que manda hacer lo que es bueno para nosotros y que espera de nosotros una obediencia filial, propia de hijos. Los mandamientos de la Ley de Dios siguen vigentes, pero ya no pueden ser vistos como una simple imposición legal de alguien que tiene el poder y el reino, sino como *normas de conducta* emanadas de una voluntad paternal –no sólo imperial- que no persigue otra cosa que el bien de sus hijos y que, además, da la *fuerza* (el Espíritu) para cumplirlas. El amor que suponemos en Dios, y el que brota en nosotros en correspondencia a ese amor sembrado en nuestras vidas, lo facilita todo; facilita el cumplimiento de sus mandamientos y la aceptación de su voluntad. En ello tenemos ocasión de demostrarle nuestro amor y nuestra gratitud, nuestro deseo de agradarle, como sucede analógicamente con nuestros padres terrenos. Y vivir en el amor –aunque no sin normas- es vivir en un *régimen de libertad*: un régimen en el que las normas se asumen *voluntariamente* como la mejor manera de conducirse en la vida: un régimen en el que el amor (y lo que se hace por amor) sobrepuja toda indicación o imposición normativa. Por amor (a sus padres), uno está dispuesto a hacer mucho más de lo que manda cualquier norma o ley. Esto es vivir *como hijos*: vivir movidos por el amor a Dios nuestro Padre. Pero ¿qué no hacer por Aquél que nos lo ha dado todo con su Hijo? Por Aquél que nos lo ha dado todo con su Hijo podemos hacer todo lo que no sea contrario al espíritu de su Hijo. Porque si somos hijos de Dios, lo somos *en el Hijo*, no sin él. Y si hijos, *herederos*. En cuanto herederos, tenemos derecho a esperar la misma herencia recibida por su Hijo Jesucristo: la vida eterna, la gloria, el cielo. Más no cabe esperar. Pues vivamos esta hermosa realidad *con admiración* y *concentración*, como María. Y en permanente *acción de gracias*. Sin olvidar nunca que tenemos por Padre al mismo Dios. ¿Hay algo mejor que pueda darnos la paz y pueda ponernos en paz con todos?

2 de Enero. San Basilio y san Gregorio Nacianceno. Comentario a Jn 1, 19-28.

Este es el testimonio de Juan. Así comienza el pasaje evangélico de este día. Se trata del testimonio de Juan el Bautista, que, a la pregunta de sacerdotes y levitas: *¿Tú quién eres?*, él responde: *Yo no soy el Mesías*. Es evidente que Juan fue confundido con el Mesías esperado, o al menos con el Elías esperado o con un profeta singular, *el Profeta*. Por eso le preguntan por su identidad. Y él, que es un hombre íntegro, no se sirve de estas falsas atribuciones en su beneficio, haciéndose pasar por quien ya era tomado, por el Mesías o el Profeta. Ante las sucesivas negaciones, le piden que confiese abiertamente su propia identidad, la conciencia que él tiene de sí mismo: *¿Quién eres* entonces? *Para que podamos dar una respuesta a los que nos han enviado, ¿qué dices de ti mismo?* Y Juan contestó: *Yo soy «la voz que grita en el desierto: Allanad el camino del Señor» (como dijo el profeta Isaías)*. Así se presenta el Bautista, como una *voz*, similar a la de Isaías, que se deja oír en el desierto pidiendo que se allane el camino al Señor. Su predicación, por tanto, está en función de este Señor al que hay que allanar el camino apartando obstáculos y dificultades que imposibilitan su venida. Pero la respuesta de Juan no les deja del todo satisfechos. Los fariseos encuentran una incoherencia entre lo que dice de sí mismo y lo que hace: *Entonces ¿por qué bautizas si tú no eres el Mesías, ni Elías, ni el Profeta?* Consideran que bautizar es tarea mesiánica o profética; por eso no entienden que, tras haber negado esta condición, Juan siga bautizando. Pero él responde: *Yo bautizo con agua; en medio de vosotros hay uno que no conocéis, el que viene detrás de mí, que existía antes que yo y al que no soy digno de desatar la correa de la sandalia*. Juan, al tiempo que reconoce su bautismo (con agua) como un signo ligado a su predicación –a su condición de *vocero*- o llamada a la conversión, denuncia la presencia entre ellos de alguien, todavía desconocido, pero anterior a él, y al que no es digno de desatar la correa de la sandalia. De él dirá en otro lugar que bautizará *con Espíritu Santo y fuego*, y no sólo con agua, como él.

Este es el *testimonio de Juan*, no un testimonio de sí mismo, sino de otro que, viniendo detrás que él, existía antes que él y al cual no puede compararse porque le es muy inferior. Al afirmar de sí mismo que él no es el Mesías, está señalando en la dirección de ese otro que ya está en medio de ellos, aunque envuelto en el anonimato. Él será el que bautice de verdad, con Espíritu Santo, por ser el Mesías. A Juan le piden un testimonio de sí mismo, pero acaba dando testimonio en favor de otro, de aquél ante quien él se siente indigno y cuya voz le prepara el camino. Juan se siente realmente un *servidor* del Mesías, no un suplantador del Mesías. Por eso, consciente de su papel de precursor, obra con tanta humildad y honestidad, sin pretender engañar a nadie y sabiendo retirarse a tiempo. Es una enorme lección para todos los que hacemos presente a Cristo con nuestro oficio. Una cosa es hacerle (sacramentalmente) presente y otra suplantarle "ocupando su lugar". También los que obramos "in persona Christi" tenemos que saber retirarnos a tiempo para no dar lugar a borrosas confusiones o a indignas suplantaciones. Sólo así allanaremos el camino del Señor que viene a salvar a los corazones cautivos.

3 de Enero 2013. Comentario a Jn 1, 29-34.

El testimonio de Juan se hace mucho más explícito en este pasaje. Nos dice el evangelista que al ver Juan a Jesús, que venía hacia él, exclamó: *Este es el Cordero de Dios, que quita el pecado del mundo. Este es aquel de quien yo dije: «Tras de mí viene un hombre que está por delante de mí, porque existía antes que yo». Yo no lo conocía; pero he salido a bautizar con agua, para que sea manifestado a Israel*. No designa a Jesús como el Mesías, ni como el Profeta; y no es que no le considere tal, pero utiliza un término que define bien su modo de entender el mesianismo de Jesús. Su concreta forma mesiánica será la del *Cordero de Dios* entregado a la muerte para quitar el pecado del mundo. El concepto empleado tiene connotaciones proféticas. Ya Isaías describía la misión del Siervo de Yahvé como la de un cordero llevado al matadero, entregado en expiación. Situado en esta perspectiva profética, Juan supo ver antes que ninguno de los discípulos de Jesús la configuración histórica del mesianismo de éste: Jesús no actuaría como un rey victorioso ni como un sacerdote de la antigua Ley, sino como *el Cordero de Dios* que entrega su vida en acto de humilde obediencia por la salvación del mundo esclavo del pecado. La imagen del "cordero" sugiere la idea de la mansedumbre y la del sacrificio. Decir "cordero manso" es casi una redundancia; y el animal más empleado en los sacrificios rituales de la antigua Alianza era el cordero. Decir de Jesús que es el *Cordero de Dios* es aludir a ambas cosas: a su actuar con mansedumbre y a su aptitud para el sacrificio. En el mismo sacrificio –en la cruz- culmina su misión de Cordero de Dios, porque es ahí donde se completa su *entrega*, su acto de amor *hasta el extremo*: ese acto redentor que nos libera del pecado, otorgándonos la salvación. Su misión se hace consistir precisamente en esto, en quitar *el pecado del mundo*, dicho así, en singular, como si se tratara de *un poder* que tiene al mundo bajo su imperio. Porque el pecado con el que nos podemos pasar la vida peleando es un poder que nos domina o una atadura que nos cuesta mucho disolver. Pues bien, Jesús, *el Ungido* del Espíritu, venció en su muerte al pecado, que en su vida se había manifestado sólo como tentación, para darnos con su victoria sobre la muerte su mismo poder, el poder de su Espíritu, para someter al pecado presente en nuestras vidas. Sólo recurriendo a ese poder espiritual lograremos la victoria sobre este otro poder maléfico (el pecado; léase, el egoísmo, la arrogancia, la cólera, la envidia, la lujuria, la falta de dominio, etc.), aunque para ello necesitemos todo el tiempo disponible de la vida y únicamente se haga plenamente efectivo en el momento de la muerte.

Juan le presenta como un hombre del que ya ha hablado como "estando delante de él" y como "existiendo antes que él", y ante el cual se siente "indigno de desatarle la correa de las sandalias". Y aunque dice "no conocerle", entiende que su misión y su actividad de "bautizante" están en función de su *manifestación a Israel*. Él ha salido a predicar y a bautizar con agua precisamente para darlo a conocer a su pueblo. Es lo que hace ahora con su público testimonio, al señalarle como el *Cordero de Dios*. La *manifestación* mesiánica de Jesús no dependerá exclusivamente del testimonio de Juan, pero éste será como el aldabonazo de esa manifestación, no sólo porque está en sus inicios, sino también por la fuerza de convicción que entraña. Juan proclama haber contemplado su propia unción: *He contemplado al Espíritu que bajaba del cielo como una paloma y se posó sobre él*. Esta visión le reafirma en su convicción. Juan se siente también un *enviado*. Pues bien, el que le ha enviado a bautizar es el que le ha dicho: *Aquel sobre quien veas bajar el Espíritu y posarse sobre él, ése es el que ha de bautizar con Espíritu Santo*. Tras esta inspiración divina, Juan no puede dudar de que Jesús es realmente el Mesías, el Ungido del Espíritu, el que ha de bautizar con Espíritu Santo (y no sólo con agua). Por eso, porque ya no tiene dudas, lo proclama abiertamente, a pesar de ser un desconocido para él hasta ese momento. Este es el testimonio de Juan en favor de Jesús como Mesías y de su manifestación al pueblo de Israel, un testimonio que sigue teniendo vigencia para nosotros en un doble sentido: en cuanto que nos reafirma en nuestra convicción de Jesús como Hijo de Dios y en cuanto que nos aclara y confirma su modo concreto de actuación mesiánica, como *Cordero de Dios que quita el pecado del mundo.* De este Mesías-Cordero no podemos esperar otra cosa sino ésta, que no es desdeñable, que quite el pecado del mundo, empezando por los que tenemos conciencia de aquello para lo que él vino, y con el pecado, la muerte, que es su consecuencia. Digo que "quitar el pecado del mundo" no es tarea desdeñable, porque con el pecado quitará muchas maldades, injusticias y sufrimientos que son consecuencia del mismo. ¡Ojalá que el Señor nos encuentre colaboradores con él en esta tarea!

5 de Enero. Sábado. Comentario a Jn 1, 43-51.

Según los relatos evangélicos, la vocación de los primeros discípulos de Jesús fue una sucesión de contactos y de encuentros que dieron origen a una fuerte amistad que habría de perdurar en el tiempo. La conformación de este grupo de seguidores de Jesús que está en el origen del cristianismo y de la Iglesia es el resultado de esos encuentros personales que instauraron estrechos lazos de amistad y de compañerismo. San Juan nos hace saber que Jesús, tras haber determinado salir para Galilea, *encuentra* a Felipe y le dice: *Sígueme*. Aclara que Felipe era de Betsaida, la ciudad de Andrés y de Pedro. Es probable que Felipe tuviera ya contactos con Andrés y Pedro o que perteneciera al mismo círculo de los discípulos de Juan Bautista. El encuentro con Jesús pudo deberse a estos contactos. Pero el evangelista añade, a continuación, que Felipe se encontró con Natanael, que no podía serle desconocido, y le expresó con asombro su última noticia: *Aquel de quien escribieron Moisés en la Ley y los Profetas lo hemos encontrado: a Jesús, hijo de José, de Nazaret*. Para decir que habían encontrado a aquel de quien escribió Moisés, tenían que estar familiarizados con tales Escrituras. El personaje aludido era sin duda el Mesías esperado. Pues bien, Felipe manifiesta a su amigo la certeza de que el Mesías profetizado es Jesús, el Nazareno. Natanael no da crédito a esta noticia, porque entiende que de Nazaret, tierra de gentiles, no puede proceder el Mesías anunciado. De Nazaret no podía salir nada bueno. Felipe no le replica. Se limita a facilitarle el encuentro personal con el personaje en cuestión: *Ven y verás*, ven y tendrás ocasión de comprobarlo por ti mismo.

Cuando Jesús le ve acercarse a él, dice de él, como si le conociera de siempre: *Ahí tenéis a un israelita de verdad, en quien no hay engaño*. Aquello tuvo que sonarle a Natanael a un juicio un poco presuntuoso. ¿Cómo se permitía enjuiciarle aquel desconocido que nada sabía de él? Por eso le contesta: *¿De qué me conoces* para decir eso de mí? Y Jesús le muestra un indicio de sus dotes cognitivas: *Antes de que Felipe te llamara, cuando estabas debajo de la higuera, te vi*. Bastó esta simple indicación para que cambiara enteramente la actitud de ese *israelita de verdad*, íntegro, honesto, siempre con la cara descubierta, sin doblez ni engaño. *Rabí* –respondió-, *tú eres el Hijo de Dios, tú eres el Rey de Israel*. Confesar a Jesús *Hijo de Dios* por haberle adivinado el lugar en que se encontraba antes de ser llamado por Felipe, parece excesivo. Y Jesús se lo hace notar: *¿Por haberte dicho que te vi debajo de la higuera, crees? Has de ver cosas mayores*. Y realmente llegó a ver *cosas mayores*, signos mayores de su poder de persuasión, de curación, de transformación. *Veréis el cielo abierto* –les dice Jesús- *y a los ángeles de Dios subir y bajar sobre el Hijo del hombre*. Verán, pues, abrirse el cielo; verán personajes celestes cortejando al Hijo del hombre. Pero también verán cosas contrarias; verán al Mesías contradicho, discutido, despreciado, rechazado, injuriado, humillado, condenado como un malhechor, crucificado, sepultado. Y en semejante visión su fe se verá zarandeada, combatida, cuestionada: Ahí tenéis a vuestro Rey, clavado en una cruz, les podían echar a la cara sus contradictores.

¿Era la amistad de estos hombres con Jesús, su fe en él, tan fuerte como para hacer frente a estos desafíos? No lo parece. Pero la fe de aquellos discípulos reverdeció con la resurrección del Maestro. Sólo este *hecho* (= *cosa*) *mayor* explica la fuerza arrolladora de una fe capaz de entregar la vida en su momento testimonial (= martirio). La amistad explica muchas cosas en la relación de aquellos discípulos con Jesús, pero no lo explica todo. Para seguir manteniendo la fe (= confianza) en él, tuvieron que ver realmente *cosas mayores*, tuvieron que ver el cielo abierto para dar entrada triunfal al Resucitado de entre los muertos. Pero no cabe duda de que hubo unos contactos que propiciaron encuentros, y los encuentros hicieron surgir la amistad –esa confluencia de intereses entre diversas personas- que habría de robustecerse con el tiempo. Sólo esta amistad ininterrumpida explica la permanencia en el seguimiento, incluso en los momentos más críticos y complicados, y finalmente la experiencia de las apariciones tras su muerte y sepultura. También hoy, como entonces, la fe sigue siendo una cuestión de amistad, que depende de un encuentro personal con el Viviente. Si falta éste se hace difícil no sólo el brotar de la fe, sino hasta su propio mantenimiento.

5 de Enero. Epifanía del Señor. Comentario a Mt 2, 1-12.

Epifanía es "manifestación": la manifestación del Señor. ¿Pero no se había manifestado ya en la Navidad con su nacimiento? El nacimiento de Jesús es la *manifestación* y visibilización del Señor del Universo en el mundo, la presencia visible en él del *Enmanuel*, el Dios-con-nosotros. ¿Qué añade, por tanto, esta fiesta a la Navidad? Sin duda, la presencia de unos nuevos *destinatarios* y *beneficiarios* de esta Manifestación o Epifanía. Ellos son los "protagonistas" de nuestro evangelio: los Magos de Oriente. Pero ¿a qué conceder tanta importancia a estos tres personajes casi de fábula venidos del lejano Oriente? El relieve que les confiere el relato evangélico es equiparable al que les es concedido a los pastores o a otros personajes anónimos de la 'historiografía' de Jesús. ¿Dónde radica, pues, su relevancia? San Pablo lo deja entrever cuando habla de la "manifestación de un misterio" que no se había revelado nunca como "hasta ahora" (este "ahora" coincide con su tiempo histórico) a sus apóstoles y profetas. ¿Y qué misterio es ése? El Apóstol lo precisa: "que también los gentiles –y no sólo los judíos- son coherederos y *partícipes de la Promesa* dada en Jesucristo por el Evangelio". La promesa de la herencia se hace, pues, extensiva a todos los hombres. Todos los hombres estamos llamados a heredar la salvación que se anuncia y se hace realidad con Jesucristo, 'el Dios con nosotros'. Y los *Magos* son la representación de los *gentiles*, esto es, de los venidos de lejos o de fuera, de los no-judíos. Su valor, por tanto, está en lo que *representan* como destinatarios de la salvación (un regalo) aportada por Cristo.

Pero los Magos no sólo representan a los gentiles sin más, sino a los gentiles *que buscan*, es decir, que están en una actitud que les mantiene *abiertos* a una posible manifestación salvífica de Dios: abiertos, por tanto, a la trascendencia y a la 'voz de la Trascendencia: abiertos a los *signos* astrales, a los conocimientos que emanan de la investigación científica; pero también a la voz de los profetas, confiando en que en ellos y sus Escrituras resuene la voz del mismo Dios. Ello requiere un mínimo de *confianza*: confianza en lo que observan los sentidos, confianza en lo que deduce la razón, confianza en el testimonio sincero y creíble de los testigos de Dios en el mundo. Sin este mínimo de confianza (y humildad), sin esta *apertura* al mundo y a su misterio, a Dios, sin esta *fe,* no es posible dar crédito a nada: ni a lo que nos muestran los sentidos (que en ciertas circunstancias engañan), ni a las conclusiones de nuestros científicos (que pueden ser erradas o no del todo explicativas), ni a las revelaciones de nuestros profetas y santos.

Los Magos *buscaron,* preguntaron –porque no hay búsqueda sin preguntas- *¿dónde está el Rey de los judíos que ha nacido?*; preguntaron incluso en casa del enemigo (Herodes); y obtuvieron *respuestas* –porque las había-: *En Belén de Judá* (así lo anticipaba el profeta), y finalmente *encontraron* a ese *Niño* del que hablaban las profecías y las estrellas. Al parecer, aquel *hallazgo* colmó sus expectativas, aunque no vieron más que a un niño en brazos de su madre. Pero ellos, *cayendo de rodillas, lo adoraron*: lo adoraron como a su Rey y Señor. Lo adoraron porque reconocieron en él al futuro *Rey de los judíos* y quizá algo más. A nosotros al menos, los *representados* en los Magos, se nos pide que lo adoremos como al mismo Dios, como al *Dios-con-nosotros*: a Dios *en la carne* de un niño, y después, en la de un adulto y un Crucificado. Porque ser doctrinalmente cristiano es reconocer a Dios en su encarnación, en la humanidad de Jesucristo.

La cortesía palaciega exigía portar *regalos* al Rey anfitrión. La *gratitud* por el beneficio exige de nosotros una correspondencia en forma de ofrendas o de regalos. Pero ¿qué podemos regalar nosotros a Aquel que nos lo ha dado *todo* con su Hijo? No hay regalo proporcional a éste; tampoco es *regalable* Aquel de quien lo hemos recibido todo. Ese niño al que los Magos obsequiaron con regalos como a un Rey, ofreció su *propia vida* (ofrenda de amor) en favor de todos esos hombres representados por los Magos, en favor de todos nosotros. ¿Qué cabe esperar de nosotros, los que hemos recibido semejante regalo, sino una *devolución* agradecida que guarde cierta correspondencia con su ofrenda de amor? La mejor muestra de gratitud es en primer lugar el *reconocimiento* del regalo y, después, la necesidad de dar algo a cambio, aunque esto sea desproporcionado. Pero el regalo sólo es *tal* cuando es una expresión de nuestro propio afecto, es decir, cuando nos regalamos con él a nosotros mismos. Si el regalo no fuera expresión de la propia entrega, perdería todo su valor. El regalo, o es expresión de amor o no es nada; más aún, si fuese algo, sería una falsedad, una apariencia de amor inexistente. La vida, regalo de Dios, nos ha sido dada para regalarla a su vez. De no hacerlo, quedaría frustrada en su misma realidad de don. Y toda frustración genera tristeza: la tristeza de lo que queda estéril o incompleto en su realización. Pidamos al Señor de los dones en este día de su manifestación a los pueblos gentiles que abra nuestros corazones clausurados por el egoísmo a la vida en todas sus manifestaciones, que haga de nuestras vidas un don para los demás.

7 de Enero 2013. Lunes. 2ª Navidad. Comentario a Mt 4, 12-17.23-25.

El evangelista nos informa de que al enterarse Jesús de que habían arrestado a Juan el Bautista se retiró a Galilea, una región menos expuesta al control de las autoridades judías y romanas. A Jesús podían relacionarle fácilmente con el Bautista y hacer que corriera la misma suerte, frustrando la misión desde sus comienzos. Lo cierto es que el cese de la actividad del Bautista coincide con los inicios de la actividad pública de Jesús. Una vez que Juan, el precursor, ha cumplido su tarea, deja paso a aquel sobre el que había visto descender el Espíritu, a Jesús, el Mesías.

Jesús se retira a Galilea, pero no se establece en Nazaret, sino en Cafarnaúm, ciudad marinera y sinagogal, quizá un mejor escenario para su actividad misionera. Pero el evangelista ve en esta decisión el cumplimiento de una profecía; pues Isaías había dicho: *«País de Zabulón y país de Neftalí* (territorio en el que se encontraba Cafarnaúm), *camino del mar, al otro lado del Jordán, Galilea de los gentiles. El pueblo que habitaba en tinieblas vio una luz grande; a los que habitaban en tierra y sombra de muerte una luz les brilló»*. Galilea, tierra de gentiles y, por tanto, región en la que se concentraban las tinieblas del paganismo, sería la primera en percibir esa gran luz que comenzó a brillar con la predicación y las acciones milagrosas de Jesús. Se trata de la luz del Evangelio, esta Buena Noticia que venía a ser como un impresionante foco de luz para los habitantes de aquellas tierras. Porque la Buena Noticia se ofrecía no sólo en forma de palabras cargadas de una enorme fuerza y novedad, sino también en forma de acciones extraordinarias capaces de curar todo tipo de enfermedades y dolencias. Las curaciones se sumaban a las palabras y todo ello constituía la presencia inusitada de un *novum* de irresistible atractivo. Jesús se convirtió al instante en foco de atención, en centro de miradas, en luz brillante que no dejaba indiferente a nadie.

Había un tema monográfico, aunque con múltiples derivaciones y matices, en su predicación: el Reino de los cielos, una realidad personal y colectiva, abarcante y absorbente, celeste (de los cielos) y terrestre (en la tierra), de Dios y de los hombres, una realidad que llegaba con él y que reclamaba conversión, esto es, atención, seguimiento, concentración, aprecio, exclusión (de lo que no es Reino). Jesús decía: *Convertíos, porque está cerca el Reino de los cielos*. Estaba tan cerca que podían tocarlo, y beneficiarse de él, y dejarse sembrar o fermentar por él, y conformar una comunidad en él, y empezar a vivir bajo su ley (el amor) y a respirar en su atmósfera. Para todo ello se requería conversión, aceptación de la Buena Noticia, sometimiento a la nueva Ley, renuncia al anterior modo de vida; y siempre con el apoyo del Espíritu del Sembrador e Instaurador de ese Reino, Cristo Jesús.

Éste *recorría toda Galilea, enseñando en las sinagogas y proclamando el Evangelio del Reino, curando las enfermedades y dolencias del pueblo*. Las primeras sedes de su enseñanza fueron las *sinagogas* o lugares habituales de reunión de los judíos en torno a la Palabra de Dios tal como había quedado plasmada en las Escrituras. Ahí es donde Jesús comenzó proclamando su Evangelio, porque semejante noticia no era ajena a las Escrituras -donde comparecían textos proféticos como los de Isaías- proclamadas en las sinagogas; al contrario, eran su cumplimiento. Así lo ve el mismo Jesús: *Hoy se cumple esta escritura* (de Isaías) *que acabáis de oír* (dicho en la sinagoga de Nazaret). Pero Jesús no se limitaba a hablar, en diferentes maneras, del Reino; curaba también muchas de las enfermedades y dolencias de las que adolecía el pueblo. Y fue probablemente esto lo que le granjeó una fama que rebasó las fronteras de su país, extendiéndose por toda Siria. Por eso no es extraño que le trajeran enfermos de todas partes y de todo pelaje, poseídos, lunáticos, paralíticos, y le siguieran casi compulsivamente multitudes venidas de diferentes lugares: Galilea, Decápolis, Jerusalén, Judea, Transjordania. Esta acumulación de miradas sólo es posible allí donde brilla una luz grande. Y Jesús fue, como había profetizado Isaías, una gran luz para los moradores de aquellas tierras donde inició su actividad misionera. ¿Por qué no lo es para nosotros hoy? ¿Porque no vemos ni oímos lo que aquellos vieron y oyeron? ¿Porque no vivimos en el escenario de aquellos acontecimientos? ¿Porque el paso del tiempo ha debilitado en nuestra memoria histórica la fuerza de los hechos? ¿Porque desconfiamos del testimonio de aquellos testigos presenciales o de los redactores de los hechos? ¿Porque nosotros no somos tan ingenuos como los contemporáneos de Jesús? ¿Porque nosotros somos hijos de la “filosofía de la sospecha”? Sea por lo que fuere, lo cierto es que podemos quedarnos en “tierra de sombra y de muerte” por resistirnos a dejarnos alumbrar por esta luz que desplegó su fulgor en la “Galilea de los gentiles”.

9 de Enero 2013. Miércoles 2ª Navidad. Comentario a Mc 6, 45-52.

Tras el milagro de la multiplicación de los panes o tras haber calmado el hambre de una multitud con unos cuantos panes, nos refiere el evangelista que Jesús apremió a sus discípulos a que subieran a la barca y se le adelantaran hacia la otra orilla, la de Betsaida, mientras él despedía a la gente. Al parecer, lo que quería es quedarse solo, porque, después de despedir a la gente, se retiró al monte a orar. La indicación evangélica es elocuente. Jesús se encontraba a gusto entre las multitudes, porque les veía necesitados de guía, como ovejas sin pastor; pero también necesitaba de espacios de soledad para la oración y el encuentro con su Padre, Dios. Se sentía realmente hijo, el Hijo amado, y tenía que estar con su Padre: no sólo en las cosas de su Padre, sino también con Él y a solas, sin interferencias, en la intimidad de la relación filial. Así le veremos en otros momentos, a veces guardándose de las miradas ajenas, como el el huerto de Getsemaní, a veces expresando sin pudor alguno sus sentimientos de gratitud hacia el que *ha ocultado estas cosas a los sabios y entendidos, revelándoselas a la gente sencilla*. Le vemos, pues, hablar del Padre tanto como hablar con el Padre. Podía hablar de Él con conocimiento de causa porque hablaba constantemente con Él. Pero el que vivía en la presencia permanente de Dios Padre necesitaba no obstante retirarse a orar. Y ello le exigía apartarse momentáneamente de sus acompañantes, despedirles, quedarse a solas. La oración es un encuentro de amor, y reclama intimidad, ausencia de testigos, confidencialidad. Después ya habrá ocasión para volver al trabajo, a las relaciones humanas, a la actividad ordinaria con renovadas energías. Porque Jesús no abandona por eso a sus discípulos que se encuentran en dificultad. *Llegada la noche*, y *viendo* Jesús *el trabajo con que remaban, porque tenían viento contrario, a eso de la cuarta vela de la noche, va hacia ellos andando sobre el lago*. Ellos se sobresaltaron, pero él les tranquilizó con estas palabras: *Ánimo, soy yo, no tengáis miedo*. Entró con ellos en la barca y amainó el viento. Ellos seguían presos del estupor, sin poder explicarse lo sucedido.

La escena, como sacada de un relato de ficción, es sumamente instructiva. Los discípulos, expertos marineros, se ven enfrentados a una tormenta que les hace zozobrar. Luchan con todas sus fuerzas contra el viento y las olas y se ven impotentes para doblegarlas. Perciben la presencia fantasmagórica del Maestro que camina sobre el agua sin que las olas le incomoden. Se sobresaltan porque no encuentran explicación al suceso. Por fin oyen palabras tranquilizadoras que les devuelven la calma. Y cesa la tempestad.

La percepción de la presencia poderosa del Señor, puede ahorrarnos muchos temores. Es como sentir que estamos en buenas manos. Y no es que no tengamos que poner todas nuestras energías para superar la dificultad o enfrentar el peligro, aunque en la naturaleza hay fuerzas ocultas que, desatadas, no podríamos de ningún modo contener, enfrentar o resistir, pero eso cabe hacerlo con la convicción de que estamos en manos de Dios que tiene el poder sobre todo poder, el poder de salvar y el de dejar perecer, el poder de destruir y el de rescatar. ¿Por qué *no tener miedo* estando él? Porque él tiene el poder sobre el oleaje, porque tiene en su mano la capacidad de resolver el problema. Y si no lo resuelve en un sentido, porque no calma la tempestad, lo resolverá en otro, porque nos permitirá transitar por la muerte sin soltarnos de la mano. En cualquier caso, podremos afrontar la dificultad con serenidad y confianza. El miedo, en cambio, suele dejarnos sin la respuesta adecuada, porque o bien nos paraliza, o bien nos lanza en la dirección incorrecta.

Sólo si percibimos en nuestra vida la compañía del Señor, cultivada en la oración, podremos escuchar en nuestro interior las tranquilizadoras palabras que oyeron sus discípulos: *Ánimo, soy yo, no tengáis miedo*. Y nuestros miedos se desvanecerán aunque perdure la tempestad o tarde en llegar la calma.

10 de Enero de 2013. Jueves 2ª Navidad. Comentario a Lc 4, 14-22a.

San Lucas sitúa a Jesús en la comarca de Galilea, enseñando en las sinagogas y recibiendo alabanzas de todos; por tanto, disfrutando del éxito y extendiendo su fama por toda la región. Nazaret, el lugar en el que se había criado, también gozó de su presencia y actividad profética. Pero allí no tuvo tanto éxito. Allí notó el desprecio que dispensan a los profetas en su propia patria. El evangelista nos habla de que, estando en Nazaret, Jesús entró en la sinagoga, *como era su costumbre los sábados, y se puso en pie para hacer la lectura*. Se trata de la lectura sinagogal que correspondía a ese día. Por eso se le entrega el libro (=rollo) del profeta Isaías, y él, desenrollándolo, lee en voz alta el pasaje indicado: *«El Espíritu del Señor está sobre mí, porque él me ha ungido. Me ha enviado para dar la buena noticia a los pobres, para anunciar a los cautivos la libertad, y a los ciegos la vista. Para dar libertad a los oprimidos, para anunciar el año de gracia del Señor»*. Tras la lectura del texto bíblico, venía el comentario del rabino. La Palabra de Dios no podía quedar sin comentario. Se trataba de una enseñanza que tenía que ser esclarecida y aplicada a la vida de los oyentes. Por eso la gente se sienta y se dispone a escuchar manteniendo *los ojos fijos en él*. La expectativa ante la palabra de cualquier rabino aquí doblaba su intensidad y emoción. Jesús se había criado entre ellos, era "el hijo de José, el carpintero", conocían a sus parientes; estaban realmente expectantes. Y Jesús no defrauda esas expectativas, aunque más tarde se vea obligado a decir: *No desprecian a un profeta más que en su tierra, entre su gente*. Al parecer, comenzó su discurso con esta frase, tan rotunda como contundente: *Hoy se cumple esta Escritura que acabáis de oír*. Yo soy ese *Ungido* del que habla Isaías, *enviado para dar la buena noticia a los pobres* y *para anunciar a los cautivos la libertad*. Yo soy el designado por Dios *para anunciar el año de gracia del Señor*. Hoy, por tanto, se cumplen los tiempos mesiánicos: en este momento histórico ha empezado a resonar la *buena noticia* de Dios *para los pobres* de este mundo. Yo soy el portador de esa noticia. Yo soy el que viene de parte de Dios no sólo para *anunciar*, sino también para *dar* la libertad o la gracia presentes en ese anuncio. *Hoy*, con mi actividad, *se cumple esta Escritura*. No hay que esperar, por tanto, a otro tiempo ni a otra persona. *Hoy* es el momento del cumplimiento. A pesar de ser tan novedoso e impactante el discurso, no parece que provocara ningún rechazo; al contrario, *todos le expresaron su aprobación y se admiraron de las palabras de gracia que salían de sus labios*. Sólo más tarde, cuando no cumple con sus expectativas y exigencias (de milagros), empieza a encontrar oposición y rechazo por parte de sus paisanos. Pero en este momento Jesús es acogido como un verdadero Mesías o Libertador. Son los momentos idílicos de la relación de Jesús con su pueblo.

También nosotros podemos pasar por diferentes fases en nuestra relación con Jesús: fase de acogida entusiasta; fase de acostumbramiento; fase de desencanto (porque no cumple nuestras expectativas); fase de indiferencia; fase de desprecio; fase de incredulidad; y en algunos casos, hasta fase de rechazo visceral o de odio. Pero él seguirá siendo aquel en el que se cumple la Escritura de Isaías, porque con él ha llegado *la buena noticia* para los pobres; y pobres de este mundo no son sólo los que carecen de recursos económicos; son también los que carecen de recursos culturales (analfabetos), sanitarios, o teniéndolos, carecen de salud (enfermos), o de vigor (ancianos), o de afecto y compañía (solitarios), o de consideración social (marginados, mendigos, vagabundos), o de estabilidad laboral o humana, o de autoestima (maltratados), o de dignidad (porque nadie se la reconoce), o de esperanza, más allá de lo que cabe esperar de esta vida (desesperanzados, desesperados, suicidas), porque otros se la han arrebatado junto con la fe, o de amor de Dios (porque no lo conocen para poder experimentarlo). Quizá sea ésta la mayor pobreza para el ser humano, aunque puede que no se experimente como tal: la carencia de Dios, el no poder recurrir a Él porque se desconoce su existencia. Para estos principalmente el *Evangelio* es buena noticia, porque el evangelio proclama que tenemos Dios y que ese Dios es Padre y nos ama. Para eso ha venido el Hijo a nosotros, para testificarlo. Es verdad que la noticia no tendrá ninguna eficacia si no es acogida o en aquellos por quienes no es acogida. Para estos será una simple información, despreciable por falta de credibilidad. En cualquier caso, será una noticia despreciada o desoída; pero ahí estará como un permanente desafío o una oferta permanente de bondad, de libertad, de gracia que brota de lo más alto o de lo más profundo de nuestro ser. Nosotros, los que nos profesamos cristianos o no hemos renegado de nuestra condición bautismal, somos los que hemos conocido esta buena noticia del amor de Dios, manifestado en Cristo Jesús. Vivamos de este conocimiento experiencial y nunca nos sentiremos desamparados ni experimentaremos la gélida sensación de estar solos en la inmensidad del universo, porque en la circunstancia más desgraciada percibiremos el calor que proporciona el regazo de nuestro Padre.

11 de Enero 2013. Viernes 2ª Navidad. Comentario a Lc 5, 12-16.

El evangelio de Lucas narra el encuentro de Jesús con un enfermo de lepra. El leproso, al ver a Jesús, cayó de rodillas ante él y le suplicó: *Señor, si quieres, puedes limpiarme*. Al enfermo le mueve la fe que tiene en el sanador y su deseo de curación. Pero presenta su petición como una súplica, desde la conciencia de la propia indignidad. El leproso se acerca a Jesús como un mendigo que pide la limosna de la salud. Por eso se humilla ante él y solicita su favor. Y subordina su deseo del don a la voluntad del donante: *si quieres, puedes*. Recurre a su poder, pero lo hace depender de su voluntad. Tiene una fe ciega en su poder, pero no quiere arrancarle el beneficio por la fuerza. Ante él se sitúa como ante su Señor, y le suplica le sea concedida la gracia que está en su poder. Y Jesús, que siempre se deja mover a compasión, responde con prontitud a esta llamada de auxilio. No se hace de rogar, porque entiende que las disposiciones del leproso (fe, humildad) son las idóneas. Extendió inmediatamente la mano y lo tocó diciendo: *Quiero, queda limpio*. Y en seguida –nos dice el evangelista- le dejó la lepra. El querer del sanador coincide con el imperioso deseo del enfermo. Basta el encuentro de estas dos voluntades para que se produzca el milagro y el leproso pueda recuperar la salud. Finalmente Jesús le recomienda que no divulgue el hecho y que se presente –tal como estaba mandado en la ley levítica- al sacerdote para que confirme la curación y pueda reintegrarse a la vida ordinaria, y que ofrezca por su purificación lo mandado por Moisés (es decir, por la ley mosaica). De este modo obraría con corrección –esto es, de manera ajustada a la ley- y daría un buen testimonio de lo que debe hacerse en estos casos. Con tales recomendaciones se pone de manifiesto que Jesús también está pendiente de los detalles y quiere evitar, por un lado, una publicidad que podría resultar nociva para su misión, y por otro, el escándalo que podría causar la conducta del leproso, ya curado, si no se sometía a las normas levíticas todavía en vigor.

A pesar de estas recomendaciones, el evangelista señala que su prestigio de sanador se iba dilatando más y más, que *se hablaba de él cada vez más y que mucha gente acudía a oírle y a que les curara de sus enfermedades*. Por mucho que se intentara mantener en secreto o evitar la publicidad de estas acciones, lo cierto es que poco se podía conseguir, porque en estas intervenciones siempre había testigos o porque resultaban tan admirables para el propio beneficiario que no podía mantenerlas en completo silencio. La sola presencia (pública) del Maestro con sus palabras y sus acciones generaba publicidad, y ésta fama. Por eso atraía a las multitudes y se hablaba cada día más de él. Pero no era inusual que, cuando esto sucedía, Jesús se retirase a la soledad, al despoblado, para orar. Si las multitudes tenían necesidad de él, porque *estaban como ovejas sin pastor*, él tenía necesidad de estar a solas con su Padre. Por eso hay momentos en los que se retira a esa soledad habitada en la que la presencia de Dios Padre se le hacía quizá más íntima y diáfana.

Ante el Señor todos somos leprosos, enfermos o indigentes. Todos estamos faltos o necesitados de algo, ya sea la salud, o la juventud, o la inocencia perdidas, ya sean los daños o agresiones sufridas, ya sea el amor no correspondido, ya sea la plenitud aún por lograr. Todos tenemos, pues, algo que suplicar, aunque no sea más que el mantenimiento de la felicidad alcanzada o de los dones recibidos. Todos podemos acudir a él, como el leproso del evangelio, solicitando su favor (=gracia) para nosotros, nuestros hijos o nuestros seres queridos. Ojalá lo hagamos con la convicción de que seremos escuchados con prontitud. Pero esto requiere al menos dos cosas: fe y humildad. ¿Cómo acudir sin fe? ¿Y cómo tener fe sin humildad? La fe precisa una base muy sólida de humildad. Sin esta tierra (= humus) no puede florecer la fe (= flor). Pidamos, por tanto, que el saber no nos robe la humildad y que la humildad mantenga viva nuestra fe.

12 de Enero 2013. Sábado 2ª Navidad. Comentario a Jn 3, 22-30.

El evangelista san Juan nos presenta una situación curiosa. Mientras el otro Juan, el Bautista, continúa bautizando a orillas del Jordán (aún no había sido encarcelado), Jesús acude con sus discípulos a la otra orilla del Jordán y comienza a bautizar, como si quisiera hacerle la competencia al

Bautista. Esto genera una cierta confusión y una discusión acerca de la eficacia purificadora de los bautismos de uno y otro; hasta tal punto que los discípulos de Juan estiman que a su maestro le ha salido un contrincante que les está pisando el terreno; por eso se dirigen a él con tono de preocupación: *Oye, Rabí* –le dicen-, *el que estaba contigo en la otra orilla del Jordán, de quién tú has dado testimonio, ése está bautizando y todo el mundo acude a él*. Se trata de aquel de quien Juan había dado testimonio, señalándole como *el Cordero de Dios* o como *el Ungido del Espíritu*, como el que habría de bautizar no sólo con agua, sino con Espíritu Santo. Por eso no extraña la respuesta que Juan da a sus discípulos preocupados por esta presunta injerencia: *Nadie* –les dice, tranquilizándoles- *puede tomarse algo para sí si no se lo dan desde el cielo*. Si él predica y bautiza es porque ha sido designado (*desde el cielo*) por Dios para realizar esta labor; si ahora ha salido otro que hace una tarea similar es porque Dios lo quiere así, no porque él se arrogue una potestad que no le compete. Además, Juan es consciente de la realidad. Él sabe bien que no es el Mesías, sino un simple precursor del mismo: *la voz que clama en el desierto*: *allanad el camino al Señor*. Y lo ha dicho públicamente: *Yo no soy el Mesías, sino que me han enviado delante de él*. Es sólo eso: un precursor. Y porque es consciente de esto, y de su indignidad frente al Mesías, puede alegrarse con el *esposo*, como se alegra el *amigo del esposo* cuando le oye. Él no es el Esposo, pero sí el amigo del Esposo. Y entre amigos no hay envidias ni rivalidades. Por eso puede compartir sus éxitos; por eso puede alegrarse con la notoriedad que va adquiriendo Jesús a la otra orilla del Jordán. Aunque haga lo mismo, Jesús no será para él ningún contrincante, sino aquel para quien él ha salido al desierto a predicar y a bautizar. Ambos están para cumplir el designio de Dios, cada uno en su papel. Pero mientras que Jesús *tiene que crecer*, él tendrá *que menguar*. Juan tiene muy claro el papel que le corresponde hacer y no le incomoda en absoluto la presencia en la misma región de aquel que él mismo ha señalado como Mesías. Forman parte del mismo plan divino y su función de precursor está llegando a su fin. Debe dejar paso al que viene detrás de él, pero que está llamado a crecer en el desempeño de su misión. Por eso a Juan no le importa que sus discípulos le abandonen y se vayan tras Jesús. Él mismo propicia esta deriva con su testimonio y su sincera confesión: *Yo no soy el (Mesías) esperado*.

¡Cuánto tendríamos que aprender de la actitud de Juan el Bautista, de su sinceridad y humildad! Sí, aprender a congratularnos con los éxitos de nuestros colegas o compañeros de trabajo, de los que comparten con nosotros oficio, misión, religión. Pero es frecuente que en vez de esta alegría compartida surjan las envidias y las rivalidades al ver prosperar a otro en sus empresas. Y, sin embargo, puede que el éxito de aquel que comparte intereses y proyectos con nosotros sea nuestro propio éxito o el de la institución en la que ponemos todas nuestras energías. El éxito de un apóstol de nuestra Iglesia tendría que ser visto como propio por todos los que formamos parte de esa Iglesia. Si no resulta así es que no nos sentimos *Iglesia una*, miembros del mismo Cuerpo. Estaríamos poniendo en cuestión nuestro grado de *comunión* eclesial. Porque semejante rivalidad no suele surgir entre una madre y un hijo, ni siquiera entre amigos. Sólo una *unión*, como la que existe en la auténtica amistad, puede impedir los perturbadores brotes de la envidia. Y si el Esposo une realmente a sus amigos, podremos compartir los éxitos y fracasos de los demás con relativa normalidad.

yes
I want morebooks!

Buy your books fast and straightforward online - at one of the world's fastest growing online book stores! Environmentally sound due to Print-on-Demand technologies.

Buy your books online at

www.get-morebooks.com

¡Compre sus libros rápido y directo en internet, en una de las librerías en línea con mayor crecimiento en el mundo! Producción que protege el medio ambiente a través de las tecnologías de impresión bajo demanda.

Compre sus libros online en

www.morebooks.es

SIA OmniScriptum Publishing
Brivibas gatve 1 97
LV-103 9 Riga, Latvia
Telefax: +371 68620455

info@omniscriptum.com
www.omniscriptum.com

Printed by Books on Demand GmbH, Norderstedt / Germany